TOP**10**
TORONTO

LORRAINE JOHNSON
BARBARA HOPKINSON

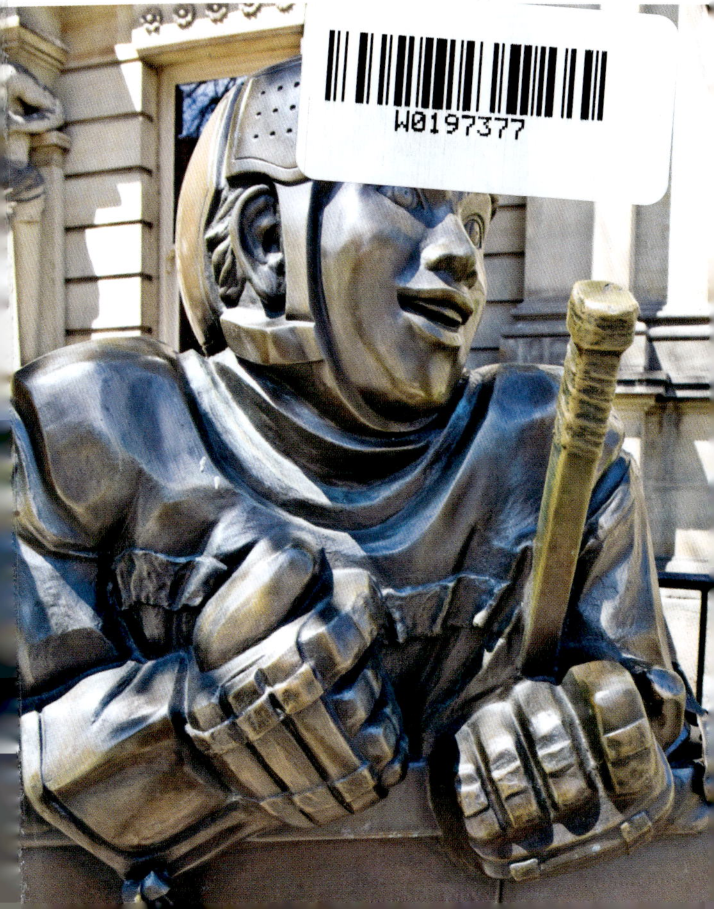

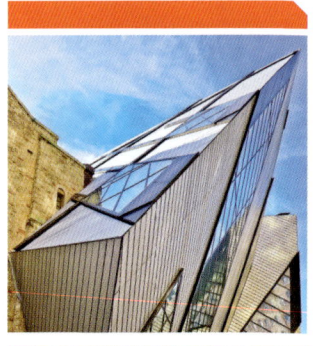

Highlights

Themen

Inhalt

Stadtteile

Reise-Infos

Die Top-10-Listen in diesem Buch sind nicht nach Rängen oder Qualität geordnet. Alle zehn Einträge sind in den Augen des Herausgebers von gleicher Bedeutung.

Umschlag Vorderseite & Buchrücken
Skyline von Toronto mit dem CN Tower und dem Rogers Centre
Umschlag Rückseite Blick von der kanadischen Seite auf die Niagara Falls
Titelseite *Our Game*, Edie Parkers Skulptur in der Front Street vor der Hockey Hall of Fame

Die Informationen in diesem Top-10-Reiseführer werden regelmäßig aktualisiert.

Angaben wie Telefonnummern, Öffnungszeiten, Adressen, Preise und Fahrpläne können sich jedoch ändern. Der Verlag kann für fehlerhafte oder veraltete Angaben nicht haftbar gemacht werden. Für Hinweise, Verbesserungsvorschläge und Korrekturen ist der Verlag dankbar. Bitte richten Sie Ihr Schreiben an:
Dorling Kindersley Verlag GmbH
Redaktion Reiseführer
Arnulfstraße 124 • 80636 München
travel@dk-germany.de

Willkommen in
Toronto

Berühmte Museen und renommierte Galerien, edle Restaurants und gemütliche Bistros, Kopfsteinpflaster und bahnbrechende Architektur, elegante Kaufhäuser und skurrile Läden, ein »mittelalterliches« Schloss mit Geheimgängen und in der Nähe die Niagara Falls – Toronto ist voller Kontraste. Und all diese können Sie mit dem *Top 10 Toronto* auf eigene Faust entdecken.

Toronto ist eine blühende Metropole mit Einwohnern, deren ethnische Wurzeln in der ganzen Welt verstreut sind. Die Stadt ist modern, birgt aber dennoch viele historische Schätze. In den Kopfsteinpflasterstraßen des **Distillery Historic District** mischen sich viktorianische Bauten mit Boutiquen, Galerien und Restaurants. Der **St. Lawrence Market** ist seit 1803 für Feinschmecker der Markt schlechthin, laut *National Geographic* sogar der beste der Welt.

Wie gesagt: Toronto kann auch modern. Im Stadtzentrum stehen eindrucksvolle Wolkenkratzer, das **CF Toronto Eaton Centre** ist ein fabelhaftes Shoppingparadies, für Familien gibt es Attraktionen wie das **Ripley's Aquarium of Canada** und Eishockeyfans können in der **Hockey Hall of Fame** ihren Helden die Ehre erweisen. In der **Harbourfront** am Lake Ontario können Sie viele schöne Stunden verbringen und Fähren bringen Sie von dort in wenigen Minuten zu den malerischen **Toronto Islands**.

Ob Sie eine Woche oder nur ein Wochenende planen – der *Top 10 Toronto* zeigt Ihnen das Beste der Stadt, von den Hauptsehenswürdigkeiten wie **CN Tower**, **Art Gallery of Ontario** und **Casa Loma** über ultraschicke Shoppingviertel bis hin zu trendigen Clubs und Restaurants, die die kulinarische Vielfalt der Stadt widerspiegeln. Außerdem bietet er stimmungsvolle Fotos und detaillierte Karten, allerlei Tipps, um Geld zu sparen und Besuchermassen zu umgehen, sowie übersichtliche Routenvorschläge, die Sie in kurzer Zeit zu vielen Sehenswürdigkeiten führen. **Genießen Sie das Buch**. **Genießen Sie Toronto**.

Im Uhrzeigersinn von oben: Skyline von Toronto, Art Gallery of Ontario, Ripley's Aquarium, Niagara Falls, Stanley Cup in der Hockey Hall of Fame, Georgian Bay Islands, Distillery Historic District

Toronto entdecken

In Toronto gibt es viel zu sehen und zu unternehmen. Die folgenden Touren sind Vorschläge, wie Sie Ihre Zeit optimal nutzen können. Viele Ziele liegen dicht beieinander, sodass Sie eine Tour Ihren Vorlieben entsprechend leicht anpassen können. Für den CN Tower sollten Sie einen klaren, sonnigen Tag wählen.

Ripley's Aquarium of Canada zeigt den Artenreichtum des Meeres.

Casa Loma
U-Bahn-Station Dupont
Royal Ontario Museum
Yorkville
U-Bahn
U-Bahn-Station Museum
④
②
Bus 6
Kensington Market
Art Gallery of Ontario
Chinatown
CF Toronto Eaton Centre
Old City Hall
Hockey Hall of Fame
Ripley's Aquarium of Canada
Union Station
Fort York
CN Tower
①
②
①
Power Plant Contemporary Art Gallery
Harbourfront
Fähre
Toronto Islands

0 Kilometer 1

Legende
— Zwei-Tages-Tour
— Vier-Tages-Tour

Zwei Tage in Toronto

Tag ❶
Vormittags
Erfreuen Sie sich auf dem **CN Tower** *(siehe S. 16f)* am Blick auf Stadt, See und Land, danach in **Ripley's Aquarium of Canada** *(siehe S. 28f)* an der Artenvielfalt des Meeres.
Nachmittags
Spazieren Sie zur **Harbourfront** *(siehe S. 66 – 73)* und über den Queens Quay. Nehmen Sie die Fähre zu den **Toronto Islands** *(siehe S. 18f)* und genießen Sie deren Zauber.

Tag ❷
Vormittags
Von der **Union Station** *(siehe S. 43)* führt Sie die Bay Street an Wolkenkratzern und der **Old City Hall** *(siehe S. 78)* vorbei zum Shoppingtempel **CF Toronto Eaton Centre** *(siehe S. 30f)*.
Nachmittags
Nehmen Sie den Bay-Bus nach Norden zur **Bloor Street** *(siehe S. 79)* und essen Sie in Yorkville zu Mittag, etwa in der Cumberland Street oder der Yorkville Avenue, bevor Sie das **Royal Ontario Museum** *(siehe S. 12 – 15)* besuchen. Mit dem Taxi oder der U-Bahn (Station Museum) geht es nach Norden zur **Casa Loma** *(siehe S. 24f)*. Steigen Sie an der Station Dupont aus und folgen Sie den Treppen den Hügel hinauf zum Schloss.

Vier Tage in Toronto

Tag ❶
Vormittags
Besichtigen Sie **Fort York** *(siehe S. 68)*, das nach dem Britisch-Amerikanischen Krieg wieder aufgebaut

Umgebung von Toronto

wurde. Anschließend geht es zum **CN Tower** *(siehe S. 16f)* und zu **Ripley's Aquarium of Canada** *(siehe S. 28f)*.

Nachmittags
Folgen Sie der Front Street nach Osten zur **Union Station** *(siehe S. 43)*, dann der Bay Street nach Norden zur **Old City Hall** *(siehe S. 78)*. Danach gehen Sie im **CF Toronto Eaton Centre** *(siehe S. 30f)* ausgiebig shoppen.

Tag ❷
Vormittags
Starten Sie in der **Hockey Hall of Fame** *(siehe S. 32f)*. Gehen Sie dann nach Osten zum **St. Lawrence Market** *(siehe S. 90)* und weiter zu den Cafés, Boutiquen und Galerien im **Distillery Historic District** *(siehe S. 26f)*.

Nachmittags
Fahren Sie mit dem Bus 121 nach Westen bis Blue Jays Way. Spazieren Sie durch **Harbourfront** *(siehe S. 66 – 73)* und besuchen Sie die **Power Plant Contemporary Art Gallery** *(siehe S. 70)*. Eine Fähre bringt Sie zu den **Toronto Islands** *(siehe S. 18f)* zu einem eventuellen Picknick.

Tag ❸
Vormittags
Besichtigen Sie die **Niagara Falls** *(siehe S. 34 – 37)* an Bord eines Schiffes von Hornblower Niagara Cruises.

Nachmittags
Nach dem Besuch des **Butterfly Conservatory** *(siehe S. 35)* folgt ein

Die Niagara Falls sind ein spektakulärer Anblick, vor allem vom Schiff aus.

Abstecher ins malerische **Niagara-on-the-Lake** *(siehe S. 101)*. Hier gibt es exzellente Restaurants und im Sommer das Shaw Festival.

Tag ❹
Vormittags
Genießen Sie Kunst aus Kanada und Europa in der **Art Gallery of Ontario** *(siehe S. 20f)*. Danach essen Sie in einem der exzellenten Lokale von **Chinatown** *(siehe S. 77)* oder **Kensington Market** *(siehe S. 75)* zu Mittag.

Nachmittags
Besuchen Sie das **Royal Ontario Museum** *(siehe S. 12 – 15)*. Danach geht es per Taxi oder U-Bahn (Station Museum) nach Norden bis zur Station Dupont. Dort führen Treppen hinauf zur **Casa Loma** *(siehe S. 24f)*.

Casa Loma, das »Haus auf dem Hügel«, thront oberhalb der Stadt.

Highlights

Bei den Horseshoe Falls stürzt der
Niagara River spektakulär über die Klippe

🔟 Highlights

Kanadas größte Stadt und wichtigstes Kultur-
zentrum hat viel zu bieten: eine lebendige
Kunstszene, erstklassige Museen, exzellente
Restaurants und Läden sowie eine herrliche
Seelage mit wunderbaren Stränden. Die
kulturelle Vielfalt ist einzigartig: In Toronto
leben mehr als 90 ethnische Gruppen.

Royal Ontario Museum ❶
Besucher können in diesem beeindruckenden Museum Mumien, im Stil
verschiedener Epochen eingerichtete
Säle, Dinosaurierskelette, ausgestopfte
Vögel, chinesische Kunst sowie imposante griechische und römische Skulpturen bewundern *(siehe S. 12–15)*.

❷ CN Tower & Aussicht
Aufzüge rasen in den
114. Stock des höchsten
Gebäudes der westlichen
Hemisphäre. Von der Spitze
eröffnet sich ein herrlicher
Blick auf die Stadt *(siehe S. 16f)*.

Toronto Islands ❸

Die Inseln sind von Down-
town aus mit der Fähre
schnell zu erreichen.
Strände, Picknickplätze
und ein Vergnügungspark
bieten im heißen Sommer
Entspannung *(siehe S. 18f)*.

❹ Art Gallery of Ontario

Das Museum besitzt
eine großartige Samm-
lung kanadischer Kunst,
darunter Werke von
Michael Snow. Zudem
sind edle Kunst der Inuit,
Werke französischer
Impressionisten, Foto-
grafien, Skulpturen
und Drucke zu sehen
(siehe S. 20f).

❺ Casa Loma
Das prächtige von Sir
Henry Pellatt erbaute Anwesen
vermittelt einen Eindruck vom
luxuriösen Lebensstil zu Beginn
des 20. Jahrhunderts *(siehe S. 24f)*.

The Annex

DUPONT STREET
BLOOR STREET
SPADINA AVE
COLLEGE STREET
DUNDAS STREET WES
AVENUE
QUEEN STREET WES
SPADINA
KING STREET W
FRONT STREET W
GARDINER EXPRES
QUEENS QUAY W
🔟 130 km

6 Distillery Historic District

Der Komplex zählt zu den beliebtesten Vierteln der Stadt. Die Kopfsteinpflasterstraßen und die viktorianischen Gebäude der einstigen Destillerie bilden die Kulisse für außergewöhnliche Läden und Galerien sowie für schöne Restaurants und Cafés *(siehe S. 26f)*.

7 Ripley's Aquarium of Canada

Im Aquarium leben Haie, Kraken, Stachelrochen und Riesenzackenbarsche, in der Canadian Waters Gallery sogar ein über 70 Jahre alter Hummer *(siehe S. 28f)*.

CF Toronto Eaton Centre 8

Torontos größte Shoppingmall ist nach einer ehemaligen Kaufhauskette benannt. Sie liegt in der Nähe einiger Sehenswürdigkeiten und Hotels. Die Läden bieten alles, was ein Shoppingherz begehrt *(siehe S. 30f)*.

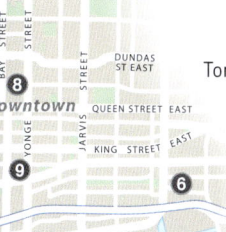

9 Hockey Hall of Fame

Eishockeyfans aus aller Welt können hier den Stanley Cup bestaunen, gegen einen Videotorhüter antreten, durch einen nachgebildeten Umkleideraum gehen und in der Broadcast Zone historische Aufnahmen von Sternstunden des Sports ansehen *(siehe S. 32f)*.

Niagara Falls 10

Nur zwei Autostunden von Toronto entfernt kann man auf dem Table Rock ein großartiges Naturwunder bestaunen: In den Horseshoe Falls stürzt der Niagara River 57 Meter in die Tiefe. In der Stadt Niagara Falls sowie in der Umgebung sind zahlreiche gute Restaurants, Weingüter und Museen zu finden *(siehe S. 34–37)*.

TOP 10 ⭐ Royal Ontario Museum

Das Royal Ontario Museum (ROM) – mit rund sechs Millionen Exponaten das größte Museum Kanadas – widmet sich seit 1914 der Menschheits- und der Naturgeschichte. Die Sammlungen zu Archäologie, Wissenschaft, Kunst und Natur bergen u. a. chinesische Kunst, Mumienschreine und Dinosaurierskelette. Kinder können sich an interaktiven Exponaten als Forscher betätigen.

Futalognkosaurus ①
Das Dinosaurierskelett ist für die eigentliche Ausstellung viel zu groß. Der Futalognkosaurus *(rechts)* begrüßt deshalb die ankommenden Besucher in der Eingangshalle.

② Akropolis
Das Modell einer griechischen Tempelanlage verdeutlicht, wie der Parthenon und andere Bauten in der Blütezeit der Antike aussahen.

③ Totempfähle
Die vier Totempfähle wurden in den 1880er Jahren von Stammesangehörigen der Nisga'a und der Haida aus dem Holz des Riesenlebensbaums gefertigt. Der größte Pfahl misst mehr als 24 Meter.

④ Djedmaatesanch-Mumie
Der mit Hieroglyphen verzierte Sarkophag *(links)* von ca. 850 v. Chr. wurde nie geöffnet. Scans ergaben, dass die Mumie darin von einer etwa 35 Jahre alten Frau stammt, die an einem Abszess im Kieferbereich starb.

⑤ Chinesische Löwen
Vor dem Museum stehen zwei Steinlöwen, die im 17. Jahrhundert für einen Palast in Beijing angefertigt wurden.

Infobox

Karte C3 ▪ 100 Queen's Park (der Haupteingang ist um die Ecke in der Bloor St W)
▪ 1-416-586-8000
▪ www.rom.on.ca
▪ tägl. 10–17.30 Uhr (Winter: Fr bis 20.30 Uhr)

▪ Eintritt: Erwachsene 20 $, Senioren (ab 65 Jahre) 17 $, Studenten 15,50 $, Kinder (4–14 Jahre) 14 $

▪ Das Museum befindet sich in der Nähe der beiden U-Bahn-Stationen Museum und St. George.

▪ Druxy's ROM Café auf Ebene 1 serviert u. a. Sandwiches, Salate, Burger und Pizzas.

▪ Freitagabends ist der Eintritt ermäßigt. Für manche Veranstaltungen ist ein Extraticket erforderlich.

⑥ Bienenkorb

Der Korb zählt zu den interessantesten Exponaten in der Abteilung über Artenvielfalt. Besucher können das Treiben der Honigbienen, die von draußen hereinfliegen, beobachten.

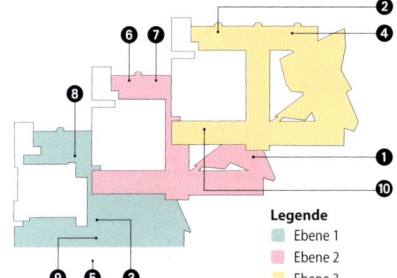

Legende
- Ebene 1
- Ebene 2
- Ebene 3

Mosaik-Kuppel ⑦

Die Kuppel *(rechts)* der Rotunda ist mit mehr als einer Million winzigen Stücken aus venezianischem Glas verziert. Sie zeigt Symbole alter Kulturen, u. a. den Donnergott der Inka.

⑧ Englischer Salon

Der Salon aus den 1750er Jahren mit Holzvertäfelung und zeitgenössischem Mobiliar wirkt, als sei er von Karten spielenden Gentlemen nur für einen Moment verlassen worden. Er birgt auch eine vergoldete Harfe. Barockmusik unterstreicht das historische Ambiente.

⑨ Laubwald

Das Diorama fängt das gebrochene Licht und die Stille der Laubwälder Ontarios ein. Bei genauer Betrachtung sind mehr als 20 Tiere auszumachen, darunter ein Stachelschwein und ein Fuchs.

⑩ Ming-Grab

Die steinernen Skulpturen von chinesischen Grabstätten *(unten)* zeigen Kamele, einen grimmigen Krieger und einen Ratgeber, der ein Zepter trägt. Sie stammen aus der Yuan-Dynastie (1271–1368), der Ming-Dynastie (1368–1644) und der Qing-Dynastie (1644–1912).

Kurzführer

Die Ausstellungen im Michael Lee-Chin Crystal kann man von allen Ebenen des Hauptgebäudes aus zu Fuß erreichen. Ebene 1 widmet sich den Sammlungen aus Korea, China und Japan sowie der Entstehung der kanadischen Nation, Ebene 2 mit Dinosauriern, Mineralien und Edelsteinen der Naturgeschichte und der Evolution. Ebene 3 enthält die Sammlungen zu Anthropologie und Archäologie mit Exponaten aus Amerika, Afrika, Asien, Ägypten und Rom sowie Kunst und Design des 20. Jahrhunderts. Ebene 4 beherbergt eine Ausstellung von Textilien und das Institute for Contemporary Culture.

Sammlungen des ROM

① **Dinosaurier**
Auf Ebene 2 des Michael Lee-Chin Crystal stehen etwa 25 vollständige Skelette von Dinosauriern, die an Land und im Wasser lebten, u. a. das rund 80 Millionen Jahre alte, weltweit besterhaltene Skelett eines Maiasaurus mit Jungtier.

② **Artenvielfalt**
Die interaktiven Exponate in dieser Abteilung auf Ebene 2 ermuntern, die Wunder der Natur zu erkunden. Man kann Tierschädel und Felle berühren oder mithilfe spezieller Brillen die Welt aus der Perspektive verschiedener Tiere betrachten.

Kleidung der Paallirmiut-Inuit, Kanadas Ureinwohner

Ägyptische Wandskulptur

③ **Altes Ägypten**
Die Abteilung (Ebene 3) enthält mehr als 1000 Artefakte – von goldenen Ohrringen bis zu kunstvollen Sarkophagen. An einem Gipsabdruck von einer Wand des Tempels der Hatschepsut im heutigen Somalia können Besucher sich im Entziffern von Hieroglyphen versuchen.

④ **Waffen & Rüstungen**
Rund 300 Exponate – vom Kettenhemd (15. Jh.) bis zu automatischen Waffen (Erster Weltkrieg) – dokumentieren auf Ebene 3 die Geschichte kriegerischer Konflikte.

⑤ **Kanadas Ureinwohner**
Auf Ebene 1 werden Artefakte der indigenen Völker Kanadas präsentiert, darunter ein Inuit-Mantel aus Karibuleder und ein Federbeutel aus der Privatsammlung des Malers Paul Kane (1810–1871), der Siedlungen der Ureinwohner besuchte. Auch ein riesiges Umiak-Boot, das ein ganzes Dorf fassen könnte, ist zu sehen.

⑥ **Säugetiere der Eiszeit**
Auf Ebene 2 wird die Entwicklung der Säugetiere nach der letzten Eiszeit, die vor ca. 10 000 Jahren zu Ende ging, nachvollzogen. Ein riesiger Biber, ein Mastodon, ein Säbelzahntiger und ein Flusspferd gehören zu den eindrucksvollen Exponaten.

⑦ **Vögel**
Auf Ebene 2 hängt ein imposanter Schwarm von Vögeln aus aller Welt von der Decke herab. Man kann einen Albatros mit einer Flügelspannweite von 2,70 Metern bestaunen, an interaktiven Ständen verschiedenen Vogelgesängen lauschen sowie Nester, Eier und Federn bewundern.

⑧ **Art déco**
Seltene französische und amerikanische Möbel, Lampen und Skulpturen aus den 1920er und 1930er Jahren verdeutlichen auf Ebene 3 die Kunstrichtung des Art déco. Neben Objekten aus Ebenholz, Lack und Elfenbein können Glas-, Keramik- und Silberwaren besichtigt werden.

⑨ **Griechische Bildhauerei**
Die Sammlung eindrucksvoller Skulpturen aus Stein, Bronze und Elfenbein auf Ebene 3 des Museums zählt zu den besten in Nordamerika.

Im Zentrum steht das Hellenistische Zeitalter um 325 v. Chr., als Alexander der Große mit seinen Soldaten nach Ägypten und Indien vorstieß.

⑩ Chinesische Kunst

6000 Jahre chinesischer Geschichte (4500 v. Chr. –1900) umspannt die auf Ebene 1 präsentierte Sammlung. Sie zählt zu den besten weltweit. Die Keramikfiguren aus dem 7. Jahrhundert und die riesigen buddhistischen Skulpturen aus dem 12. bis 16. Jahrhundert sind besonders sehenswert.

Keramikfiguren, Chinesische Sammlung

The Crystal

Der faszinierende Erweiterungsbau war Kernstück der umfangreichen Renovierung des Museums. Er wurde von dem weltberühmten Architekten Daniel Libeskind entworfen und nach dem Stifter Michael Lee-Chin benannt. Das außergewöhnliche Bauwerk mit seiner kristallinen Struktur, dem beeindruckenden Atrium und den einzigartigen Fenstern bildet das Eingangsportal des Museums. Der Crystal, der keinen einzigen rechten Winkel besitzt, bietet auf vier Ebenen Raum für Ausstellungen. Er beinhaltet zwei außergewöhnliche Räumlichkeiten: Das Spirit House wird von Brücken durchkreuzt, die die neuesten Abteilungen verbinden. In der Stair of Wonders, einer faszinierenden vertikalen Konstruktion, sind die Kuriositäten des ROM versammelt. Die ersten drei Ebenen des Anbaus sind mit dem Originalgebäude verbunden.

Im Gebäude des Royal Ontario Museum verschmelzen Tradition und Moderne.

Architektonische Highlights

1 Rundbau

2 Totempfähle

3 Queen's-Park-Fassade

4 Buntglasfenster am Queen's-Park-Eingang

5 Spirit House

6 Liza's Garden

7 Mosaikfußboden in der Eingangshalle der Samuel European Galleries

8 Buntglasfenster im Treppenhaus

9 Fensterbogen an der Westseite

10 Gesims rund um das Gebäude

TOP 10 ⭐ CN Tower & Aussicht

Der Lift benötigt zur 114. Etage des höchsten Gebäudes der westlichen Hemisphäre nur 58 Sekunden. Das 553 Meter hohe, 181-stöckige Bauwerk wurde 1973 bis 1976 von der Canadian National Railway errichtet. Bereits vom gläsernen Fahrstuhl aus eröffnen sich traumhafte Ausblicke, die Sicht vom LookOut ist schlichtweg atemberaubend. Der Glasboden auf 342 Metern gewährt Mutigen den senkrechten Blick in die Tiefe. 33 Etagen höher befindet sich der SkyPod, die höchste Aussichtsplattform.

③ CF Toronto Eaton Centre
Menschen strömen hier in die Restaurants und Cafés. Das Glasdach ist einer italienischen Galleria (19. Jh.) nachempfunden *(siehe S. 30f)*.

④ Stadtbepflanzung
Der Blick von oben weist Toronto als grüne Stadt aus: Stattliche Bäume säumen die Häuserschluchten.

① City Hall
Als dieses Gebäude mit den bogenförmigen Türmen *(oben)* 1965 eröffnet wurde, war es im konservativen Toronto sehr umstritten. Heute ist es eines der Wahrzeichen der Stadt *(siehe S. 77)*.

⑤ Niagara Falls
Bei schönem Wetter kann man die Gischt über den rund 130 Kilometer südöstlich gelegenen Wasserfällen sehen. Das geschwungene Gebiet am Lake Ontario ist als »Golden Horseshoe« bekannt *(siehe S. 34–37)*.

Fort York ②
Die 1793 erbaute Festung *(rechts)* wurde 1813 in der Schlacht von York zerstört. Das Areal mit acht Originalgebäuden ist die schönste Ansammlung von Bauten aus der Zeit des Britisch-Amerikanischen Kriegs in Kanada *(siehe S. 68)*.

Der CN Tower überstrahlt die Skyline von Toronto

9 Toronto Music Garden

Die Anlage wurde von der Musik Bachs inspiriert. Von oben betrachtet offenbart sich der musikalische Charakter der Gestaltung besonders gut *(siehe S. 67)*.

10 Toronto Islands

Die vor dem Hafen von Toronto gelegene Inselkette *(unten)* ist eine autofreie Oase, die bequem und schnell mit der Fähre zu erreichen ist. Sie bietet einen Freizeitpark sowie Radwege, Picknickplätze und Strände *(siehe S. 18f)*.

Meisterleistung

Der CN Tower ist eines der sieben Weltwunder der Moderne und gilt als architektonisches Meisterwerk des 20. Jahrhunderts. Beim Bau waren 1537 Handwerker 40 Monate lang rund um die Uhr tätig. Mit dem verarbeiteten Beton hätte ein Fußweg von Toronto bis zum 260 Kilometer entfernten Kingston angelegt werden können. Die 102 Meter lange Antenne wurde mithilfe eines rund zehn Tonnen schweren russischen Sikorsky-Hubschraubers angebracht.

---

6 Roy Thomson Hall

Die futuristisch gestaltete Konzerthalle *(oben)* mit markantem Glasdach liegt im Zentrum des Theaterviertels von Toronto *(siehe S. 50)*.

7 Union Station

Der Bahnhof ist ein Relikt aus jenen Tagen, als die Eisenbahn noch das wichtigste Fortbewegungsmittel im Land war. Von ihrer Pracht hat die Union Station seit der Eröffnung 1927 nichts verloren *(siehe S. 43)*.

8 Financial District

Wolkenkratzer wie das modernistische Toronto-Dominion Centre *(siehe S. 68)* prägen das Finanzzentrum Torontos. In dem Viertel befinden sich die Kanadische Börse und die Firmenzentralen der größten Banken und Versicherungen Kanadas. In den Straßenschluchten herrscht hektischer Betrieb.

Infobox

Karte J5 ▪ 301 Front St W ▪ U-Bahn: Union Station ▪ 1-416-868-6937 ▪ www.cntower.ca

▪ tägl. 9 – 22.30 Uhr ▪ 25. Dez geschl.

▪ Eintritt: Erwachsene 36 $, Senioren (ab 65 Jahre) 31 $, Kinder (4 – 12 Jahre) 26 $; Extraticket für den Zugang zum SkyPod

▪ Auf der Höhe des LookOut befindet sich das Horizons Restaurant. Wer einen Tisch im 360 Restaurant (Tel. 1-416-362-5411) reserviert, kann exquisite Speisen bei einer langsam wechselnden Aussicht genießen.

▪ Kanadische Souvenirs sind im Marketplace erhältlich.

▪ Beim EdgeWalk können Abenteurlustige draußen, auf einem 1,50 Meter breiten Sims in schwindelerregender Höhe einmal um den CN Tower wandern.

TOP 10 ⭐ Toronto Islands

Die Inseln entstanden 1858, als bei einem Sturm eine Nehrung durch die Flutwellen des Don River vom Festland abgetrennt wurde. Einige der mehr als ein Dutzend kleiner Inseln und winzigen Eilande sind über Brücken, andere nur mit dem Boot zu erreichen. Auf Ward's Island und Algonquin Island leben Künstler und Kreative, auf Centre Island befindet sich ein beliebter Vergnügungspark. Alle Inseln sind autofrei und damit sehr ruhig. Man kann sie zu Fuß erkunden, ein Fahrrad leihen oder mit einem Leihboot durch die Lagunen paddeln.

Kanadas Coney Island

Die Blütezeit von Hanlan's Point begann in den 1880er Jahren, als die Stadtbewohner in das dortige Varietétheater, das Tanzlokal und den Vergnügungspark strömten. Am 5. September 1914 jubelten Tausende Fans im neu erbauten Stadion Babe Ruth zu: Hier gelang der späteren Baseballlegende der erster Home Run als Profi. 1937 wurden das Stadion und das inzwischen verfallene Resort für den Bau des Inselflughafens abgerissen.

① Ward's Island
Die Insel *(oben)*, auf der in den 1880er Jahren nur ein Zeltlager bestand, zählt heute über 700 Bewohner. Beim Spaziergang sieht man die von den Eigentümern unterschiedlich gestalteten Cottages.

② Fähren
Bei der Überfahrt *(unten)* genießen Passagiere eine fantastische Aussicht auf die Skyline Torontos. Die meisten Fährschiffe stammen aus den 1950er Jahren.

③ The Rectory
Das Restaurant auf Ward's Island ist ein Treffpunkt. Die Suppen, Salate und Sandwiches sind gesund und herzhaft, die Desserts schlichtweg köstlich.

⑦ Algonquin Island

Die Kreativität der Inselbewohner manifestiert sich vor allem in den eigenwilligen bunten Gärten, deren Blütenpracht in den wärmeren Monaten eine wahre Augenweide ist. Viele der begeisterten Hobbygärtner geben Passanten gern Pflanzentipps.

④ Far Enough Farm

Der Streichelzoo mit Ziegen, Lämmern, Kühen, Schweinen und anderen Nutztieren *(oben)* ist bei Kindern äußerst beliebt.

⑧ Promenade

Die beliebte, rund 2,5 Kilometer lange Uferpromenade erstreckt sich von Ward's Island bis nach Centre Island.

⑩ Gibraltar Point Lighthouse

Der älteste Leuchtturm *(unten)* der Stadt ist seit dem frühen 19. Jahrhundert in Betrieb. Dem Volksmund zufolge spukt in dem aus Kalkstein errichteten Bauwerk der Geist des ersten Wärters.

⑤ Radfahren

Die beste Möglichkeit, die Inseln zu erkunden, bieten die insgesamt rund 6,5 Kilometer langen Radwege. Fahrräder, Tandems und Quadracycles *(unten)* gibt es zu mieten.

⑥ Centreville Amusement Park

Der Vergnügungspark auf Centre Island bietet über 30 Fahrgeschäfte, darunter Schwanenboote und ein Karussell von 1907 *(siehe S. 48)*.

⑨ Hanlan's Point

Hanlan's Point lockt mit zwei beliebten Sandstränden. Seit 1999 darf man an einem der Strände – wie schon bei seiner Einweihung im Jahr 1894 – wieder nackt baden *(siehe S. 53)*.

Infobox

Karte B6 – E6

Fähre: 1-416-392-8188; www.toronto.ca/ toronto-island-park

Fahrradverleih: 1-416-203-0009; www.toronto islandbicyclerental.com

....

■ Die weit verstreuten Lokale der Inseln bieten Snacks und Fast Food, haben jedoch saisonabhängige Öffnungszeiten.

■ Fähren fahren im Sommer und im Herbst vom Terminal an der Bay Street nach Centre Island und ganzjährig nach Ward's Island und Hanlan's Point.

■ Die Fahrt mit der Fähre (Erwachsene 7,71 $, Kinder 3,72 $) dauert etwa zehn Minuten. Die Mitnahme von Fahrrädern ist erlaubt, außer auf Fähren nach Centre Island, wenn diese sehr voll sind.

TOP10 ⭐ Art Gallery of Ontario

Die 1900 gegründete AGO besitzt über 80 000 Werke. Die herausragenden Arbeiten kanadischer Künstler, vor allem die Gemälde der Group of Seven, sind nationales Kulturgut. Neben Gips- und Bronzefiguren von Henry Moore sind auch Meisterwerke europäischer Maler zu sehen – von Tintoretto und Frans Hals bis zu Vincent van Gogh und Pablo Picasso. Die Sammlung mit Kunst aus Afrika und Werken der australischen Aborigines zählt zu den jüngeren Errungenschaften des Museums.

Group of Seven ①

Kanadas Landschaften kennzeichnen jene Maler, die in den 1920er Jahren nach nationaler künstlerischer Identität strebten. Ausgestellt sind u. a. Werke von MacDonald *(rechts)*, Jackson, Johnston und Harris.

② Kanadische Kunst

Die Galerien zeigen Werke der Ureinwohner, der Inuit und kanadischer Künstler wie Emily Carr *(oben)*, William Kurelek und Alex Colville.

④ Fotografie

Die Sammlung präsentiert Frühwerke, u. a. des tschechischen Künstlers Josef Sudek, sowie Fotos der Klinsky Press Agency aus den 1930er und 1940 Jahren.

⑤ Kunst der Inuit

Die ausgestellten Skulpturen *(unten)* und Wandbehänge wurden nach dem Zweiten Weltkrieg aus einheimischen Materialien gefertigt.

③ Thomson Collection

Die Schenkung von 2000 Werken verleiht den Sammlungen der AGO außerordentliche Tiefe. Schwerpunkte bilden Werke Tom Thomsons, der Group of Seven sowie der Künstler Cornelius Krieghoff und Paul Kane (19. Jh.).

⑥ Zeitgenössische Kunst

Die über die gewundene Holztreppe zugängliche Sammlung bietet Kunst aus Amerika und

Europa (ab 1900) und aus Kanada (ab 1985). Vertreten sind kanadische Künstlerinnen wie Joanne Tod, Betty Goodwin und Elizabeth Magor und Konzeptkünstler wie Michael Snow *(links)* und Jeff Wall.

⑦ AGO Kids' Gallery

Die kinderfreundliche Abteilung zeigt Ausstellungen speziell für junge Besucher. Dort gibt es auch Kostüme und eine Fotokabine, in der Kinder für ihr Porträt posieren können.

⑧ Henry Moore

Die weltweit größte Sammlung von Werken des britischen Künstlers Henry Moore (1898–1986) umfasst Bronzefiguren, Zeichnungen und Drucke. Die im Freien aufgestellte, monumentale, acht Tonnen schwere Skulptur *Large Two Forms* ist von den Berührungen zahlloser Bewunderer mittlerweile blank poliert.

The Grange

The Grange am südlichen Ende der Galerie war der ursprüngliche Standort der Art Gallery of Ontario und wurde im Jahr 1970 in die Liste der National Historic Sites aufgenommen. Das elegante georgianische Herrenhaus, das älteste Ziegelsteinhaus der Stadt, entstand 1817, als Toronto noch die kleine Siedlung York in Upper Canada war. Das Haus mit zentralem Ziergiebel spiegelt den konservativen britischen Geschmack wider, der seinerzeit in dieser Region vorherrschte.

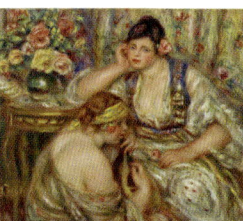

⑨ Französische Impressionisten

Pierre-Auguste Renoir *(oben)*, Claude Monet und Camille Pissarro sind nur einige der Künstler des 19. Jahrhunderts, deren Meisterwerke in dieser beachtenswerten Sammlung zu bewundern sind.

⑩ Drucke & Zeichnungen

Die Sammlung birgt bedeutende Werke italienischer, französischer, niederländischer, deutscher und britischer Künstler des 15. bis 21. Jahrhunderts sowie kanadische Kunst. Albrecht Dürers Stich *Adam und Eva* aus dem Jahr 1504 zählt zu den Highlights.

Infobox

Karte J3 ▪ 317 Dundas St W
▪ U-Bahn: St. Patrick
▪ 1-416-979-6648
▪ www.ago.ca

▪ Di – So 10 –17.30 Uhr (Mi & Fr bis 20.30 Uhr)

▪ Eintritt: Erwachsene 19,50 $, Senioren (ab 65 Jahren) 16 $, Kinder (6 –17 Jahre) & Studenten 11 $, Familien 49 $

▪ Das günstige, familienfreundliche Café serviert leichte Mittagsgerichte. Die Köche des gehobenen Frank lassen sich bei ihrer Menüplanung von den Ausstellungen inspirieren.

▪ Der Museumsladen verkauft Reproduktionen der ausgestellten Bilder, Bücher, Geschenkartikel und handgearbeiteten Schmuck.

▪ Informationen über Führungen, die vertieften Einblick in die Sammlungen gewähren, erhalten Sie unter 1-416-979-6648.

TOP10 ★ Casa Loma

Das im edwardianischen Stil gehaltene Schloss wurde 1914 vollendet, der Bau kostete rund 3,5 Millionen Kanadische Dollar. Architekt E. J. Lennox – verantwortlich für viele historische Bauten in Toronto – entwarf das Anwesen mit Blick auf Downtown für den Industriellen Sir Henry Pellatt. Dieser musste zehn Jahre nach der Fertigstellung hoch verschuldet seine Casa Loma (spanisch für »Haus auf dem Hügel«) aufgeben.

❶ Türme
Die Türme bieten für Besucher ohne Höhenangst fantastische Ausblicke. Der Ostturm *(unten)* wurde nach dem Vorbild schottischer Burgen gestaltet. Vom Westturm im normannischen Stil eröffnet sich ein grandioser Blick auf die Stadt.

Infobox

Karte C2 ▪ 1 Austin Terrace ▪ U-Bahn: Dupont ▪ 1-416-923-1171 ▪ www.casaloma.org

▪ tägl. 9.30–17 Uhr (letzter Einlass 16.30 Uhr) ▪ 25. Dez & 1. Jan geschl.

▪ Eintritt: Erwachsene 30 $, Senioren (ab 65 Jahre) & Jugendliche (14–17 Jahre) 25 $, Kinder (4–13 Jahre) 20 $

▪ Im täglich geöffneten Liberty Café können Sie eine Kleinigkeit essen.

▪ Audioführer gibt es gratis in acht Sprachen.

▪ Die Gartenanlagen sind, wenn das Wetter es erlaubt, von Mai bis Oktober geöffnet.

❷ Sir Henrys Badezimmer
Die luxuriöse Dusche ist so gestaltet, dass sich das Wasser von der Decke und den Wänden ergießt. Die drei Ebenen von Rohren werden über sechs große Hähne geregelt. Die Wände bestehen aus kostbarem Carrara-Marmor.

❸ Sir Henrys Arbeitszimmer
Die Holzpaneele neben dem Kamin verbergen zwei Geheimgänge: Der rechte führte Sir Henry schnell zu seinem gut bestückten Weinkeller, der linke führt hinauf in den zweiten Stock und endet nahe dem Schlafgemach des Hausherrn.

❹ Große Halle
Die 18 Meter hohe Eingangshalle *(unten)* vermittelt einen ersten Eindruck von der Pracht des Schlosses. An den oberen Enden der Säulen thronen Wasserspeier. In der Halle sind Audioführer erhältlich.

Vorhergehende Doppelseite Prachtbau Casa Loma

⑦ Wintergarten

Die Türen aus Bronze und Glas, die je 10 000 Kanadische Dollar kosteten, sind Reproduktionen von Türen in einer italienischen Villa. Die aus Italien stammende Buntglaskuppel *(links)* wurde einst abends von 600 Glühbirnen erhellt.

Vorreiter des Luxus

Sir Henry Pellatt war der Besitzer der Toronto Electric Light Company, die die Stadt mit Strom versorgte. Daher überrascht es kaum, dass sein Haus mit technischen Errungenschaften ausgestattet war, die alle bisher bekannten Annehmlichkeiten überstiegen. Die moderne Ausstattung beinhaltete eine von Sir Henrys Schlafzimmer aus zu steuernde elektrische Beleuchtung, ein Staubsaugersystem, eine Warmluftheizung und den ersten privaten elektrischen Fahrstuhl.

⑨ Rundes Zimmer

Die Türen und Fenster wurden kunstfertig den gebogenen Wänden dieses Zimmers angepasst. Stilmöbel, Louis-XV-Stühle, eine spanische Wand und französische Gobelins verleihen dem Raum Eleganz.

⑤ Eichenzimmer

Kunsthandwerker benötigten für die herrliche Holzvertäfelung aus französischer Eiche drei ganze Jahre. Die Stuckdecke des Salons *(oben)* birgt eine indirekte Beleuchtung – die erste ihrer Art in einem kanadischen Privathaus.

⑥ Tunnel

Ein Tunnel verbindet das Schloss mit dem Kutschenhaus und den luxuriös ausgestatteten Ställen. Eine Ausstellung erzählt von den dunklen Stunden der Stadt, etwa von der Prohibition, der Weltwirtschaftskrise und der Pest.

⑧ Bibliothek

Die Beleuchtung und die dunkle Eichenholztäfelung mit Fischgrätmuster rufen interessante Schattenspiele hervor. Porträts und das Familienwappen zieren die kunstvoll gestaltete Decke.

⑩ Gärten

Zur Zeit der Blüte sind die üppigen, mit Skulpturen und Brunnen geschmückten Gärten *(oben)* ein Farbenmeer. Das Spektrum der acht thematischen Bereiche reicht vom Rosengarten bis zur Frühlingswiese.

TOP 10 ⭐ **Distillery Historic District**

Ein Spaziergang entlang den autofreien Kopfsteinpflasterstraßen, vorbei an wunderbar erhaltenen viktorianischen Industriegebäuden, versetzt Besucher in der Zeit zurück. Bis 1990 gehörten die Gebäude des fünf Hektar großen Areals Gooderham & Worts. Die einst größte Destillerie der Welt entstand aus einer 1832 gegründeten Getreidemühle. Heute verleihen Cafés, Restaurants, Galerien, Kunstateliers, Bühnen und Läden der 150 Jahre alten Anlage eine lebendige Atmosphäre.

① Boiler House Complex
Das Kesselhaus beheizte in den 1860er Jahren die ganze Destillerie. Der Gebäudekomplex beinhaltete zudem eine Schreinerei, eine Schmiede und eine Kantine. Heute sind hier Restaurants und eine Bäckerei ansässig.

② Corkin Gallery
Das natürliche Licht, das durch die großen Fenster an der Frontseite einfiel, reduzierte die Gefahren der Alkoholherstellung bei Gasbeleuchtung. Heute sind hier Kunst- und Fotografieausstellungen *(oben)* zu sehen.

Infobox

Karte E5 ▪ 55 Mill St ▪ Von der U-Bahn-Station Castle Frank geht es mit dem Bus 65 Parliament oder der Straßenbahn 504 King zur Ecke King und Parliament St, dann zu Fuß auf der Parliament St nach Süden ▪ www.thedistillerydistrict.com

▪ Viele der Restaurants und Cafés vor Ort besitzen Terrassen mit Blick auf die historischen Gebäude. Dort werden Abendessen und Sommerabende nicht durch Verkehrslärm und Abgase getrübt.

▪ Gönnen Sie sich eine Führung (23,73 $) oder eine Segway-Tour (44,07 $ für 30 Min., 77,97 $ für 1 Std.; 1-416-642-0008).

▪ Im District finden im Sommer Festivals und Veranstaltungen statt. Auch der Weihnachtsmarkt im Dezember ist sehr beliebt.

③ Balzac's Coffee
In dem wunderschönen Café *(oben)* werden montags und freitags Kaffeebohnen geröstet. Einst förderten die Pumpen in dem Gebäude im Brandfall Wasser aus dem unterirdischen Speicher.

④ Bergo Designs
Es lohnt sich, auf die in dem Designladen ausgestellten teuren und exquisiten Objekte einen Blick zu werfen.

6 Young Centre for the Performing Arts

Tank House No. 9 und No. 10 *(links)*, wo einst Whisky zur Reifung lagerte, beherbergen die Hauptspielstätte von Soulpepper, dem größten Theaterensemble der Stadt *(siehe S. 51)*.

9 Artscape Distillery Studios

In den Ziegelgebäuden, die einst als Lager genutzt wurden, haben die meisten der im Distillery District ansässigen Künstler und Gesellschaften ihre Ateliers, Werkstätten und Büros.

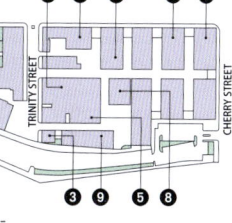

7 Arta Gallery

Die Galerie befindet sich in einem einst als Lagerhaus für Melasse genutzten Gebäude in der Nähe der Parliament Street. Sie besitzt dasselbe Alte-Welt-Flair wie das Distillery District selbst.

8 Mill Street Brewery

In vielen der Destilleriegebäude kann man noch das einst eingelagerte Getreide und den Alkohol riechen. Im 1879 errichteten Bau der Mill Street Brewery ist das Aroma von Malz und Hopfen täglich frisch. Bei einer Kostprobe der Biere, die noch in traditioneller Weise gebraut werden, kann man die ausgestellten historischen Destilliergeräte betrachten.

5 Caffe Furbo

In dem netten Café *(unten)* in einem einst für die Abfüllung von Industriealkohol genutzten Gebäude im Zentrum des Areals kann man mit Blick auf Kunst etwas essen und trinken.

10 Thompson Landry Gallery

Die Galerie widmet sich Künstlern aus Québec. Der Kalksteinbau, in dem sie sich befindet, ist der älteste im Distillery District. Die Winde stammt aus der Zeit, als Schiffe noch direkt am Gebäude anlegen konnten.

Dreharbeiten in der Distillery

Als die Gooderham & Worts Distillery 1990 den Betrieb einstellte, entwickelte sich das Distillery District dank seiner einzigartigen Atmosphäre zum wichtigsten Filmset außerhalb Hollywoods. Seither entstanden auf dem Gelände Hunderte Spielfilmszenen, u. a. für *Chicago, Hurricane* und *X-Men.* Auch TV-Serien, darunter *Nikita,* wurden hier produziert. In den 1960er Jahren wurden auf dem Areal Szenen für die Serie *Alfred Hitchcock Presents* gedreht.

🔟⭐ Ripley's Aquarium of Canada

Der eindrucksvolle wellenförmige Bau am Fuß des CN Tower wurde 2013 eröffnet. In den Süß- und Meerwasseraquarien – manche sind mehrere Stockwerke tief, andere befinden sich über den Köpfen der Besucher – leben mehr als 16 000 Meerestiere. Das Aquarium ist bei Kindern sehr beliebt, auch wegen des Discovery Centre mit seinem riesigen Angebot für den Familienspaß. Ob man nun von Sägefischen umgeben ist oder einen Zebrahai durch Plexiglas hindurch beobachtet: Das Aquarium bietet jedem einen erlebnisreichen Tag.

1 Fetzenfische, The Gallery
Viele Besucher erkennen oft erst auf den zweiten Blick, dass sie nicht Seetang, sondern Kleine und Große Fetzenfische *(oben)* betrachten.

2 Piranhas
Die räuberischen Fische haben ein Aquarium ganz für sich allein.

3 Rainbow Reef
Farbenfrohe Korallen und zahlreiche Neonfische verwandeln dieses Riff *(oben)* in ein wunderbares Meer aus Farben.

4 Discovery Centre
Im Streichelbecken kann man Pfeilschwanzkrebse berühren und sich im Kriechtunnel quasi mitten unter Clownfische *(oben)* mischen. Ein Modell mit Schleusen und Staudämmen demonstriert die Schifffahrt auf den Großen Seen.

Infobox

Karte J5 ▪ 288 Bremner Blvd ▪ U-Bahn: Union Station ▪ 1-647-351-3474 ▪ www.ripleyaquariums.com/canada

▪ tägl. 9 – 23 Uhr (wenn abends eine geschlossene Gesellschaft geplant ist, schließt das Aquarium früher; Infos auf der Website)

▪ Eintritt: Erwachsene 39,55 $, Senioren (ab 65 Jahre) & Jugendliche (6 – 13 Jahre) 27,40 $, Kinder (3 – 5 Jahre) 13,56 $

▪ Ripley's Café serviert Kaffee und kleine Gerichte.

▪ Wer Schulgruppen meiden möchte, sollte außerhalb der Ferienzeiten nach 14 Uhr kommen.

Kurzführer

Starten Sie in den Canadian Waters auf Ebene 2. Eine Rampe führt um den Pacific Kelp hinunter zur Dangerous Lagoon und zum Discovery Centre. Dann geht es zu den Perfect Predators, zu den Planet Jellies und wieder zur Rampe auf Ebene 2, vorbei an den Pumpen und Filtern des Life Support System. Durch den Souvenirshop verlassen Sie das Aquarium.

Legende
- Ebene 1
- Ebene 2

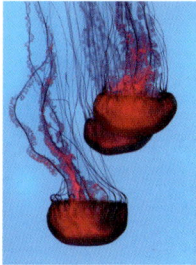

⑨ Planet Jellies
Die orangefarbenen Pazifischen Seenesseln *(oben)* sind die Stars dieser Abteilung mit Hintergrundbeleuchtung.

⑤ Große Seen, Canadian Waters
Barsche, Hechte, Karpfen, Forellen, Welse, Langschnauzen-Knochenhechte – Besucher sind oft überrascht, wie groß Fische in den Großen Seen werden können.

⑥ Ray Bay
Besucher können durch eine riesige Glasscheibe zusehen, wie Amerikanische Stechrochen, Kuhnasenrochen und weitere Stechrochenarten mit Eleganz durch das deckenhohe Becken gleiten.

⑦ Curious Creatures
Die Abteilung zu Ehren von Robert Ripley (1890 – 1949) zeigt skurrile Meerestiere wie Fangschreckenkrebse.

⑧ Dangerous Lagoon
Ein 96 Meter langer Unterwassertunnel führt quer durch das größte Becken mit Meeresschildkröten, Sägefischen und Haien *(unten)*.

⑩ Pazifischer Kelpwald, Canadian Waters
In diesem Ökosystem leben mehr als 25 Arten aus dem Meer vor der Westküste Kanadas.

TOP 10 ⭐ CF Toronto Eaton Centre

Die Shoppingmall ist nach dem kanadischen Kaufhauskönig Timothy Eaton benannt. Dessen Kette Eaton's galt bis zum Bankrott 1999 als nationale Institution. Die Mall zwischen Yonge und Dundas Street ist groß, laut und hektisch und wurde bei der Eröffnung 1977 als willkommene Aufwertung des damals heruntergekommenen Areals angesehen. Unter den rund 230 Läden, Restaurants und Cafés befinden sich Kanadas erste Saks-Fifth-Avenue- und Torontos erste Nordstrom-Filiale.

① Flight Stop
Die Skulptur im Atrium der Mall stammt von Michael Snow aus Toronto. Die Gänseschar ist so realistisch gestaltet, dass man fast mit Geschnatter rechnet.

② The Labyrinth
Der grasbedeckte, verschlungene Pfad ist dem Labyrinth der Kathedrale von Chartres (13. Jh.) nachempfunden.

③ Springbrunnen
Der Springbrunnen *(unten)* ist ein Blickfang. Der Überraschungseffekt ist groß, wenn das friedlich plätschernde Wasser plötzlich zu einer 30 Meter hohen Fontäne aufsteigt. Auf der Brunnenumrandung kann man sich ausruhen.

⑤ Galleria
Durch das Glasdach fällt natürliches Licht in die Arkade *(oben)*. Dem Architekten Eb Zeidler diente die Mailänder Galleria Vittorio Emanuele II (19. Jh.) als Vorbild. Nordstrom belegt Räume am Nordende, am Südende befinden sich Hudson's Bay und Saks Fifth Avenue.

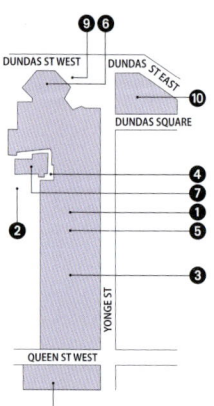

④ Scadding House
Das georgianische Haus, 1857 für den ersten Pfarrer der Church of the Holy Trinity gebaut, ist neben der Kirche das älteste Gebäude in der Yonge Street. Es wurde verlegt, um der Mall Platz zu machen. Hier wohnt nach wie vor der Gemeindepfarrer.

⑦ Church of the Holy Trinity

Die anglikanische Kirche (links) von 1847 ist eine Oase der Ruhe inmitten des hektischen Treibens. Der mit Türmchen geschmückte Eingang und die Buntglasfenster sind besonders sehenswert.

⑧ Hudson's Bay

Kanadas größte Kaufhauskette bietet ein breit gefächertes Sortiment, doch am bekanntesten sind wahrscheinlich die Spitzendeckchen, die bei den kanadischen Ureinwohnern vom Stamm der Cree gegen Biberpelze getauscht wurden. Deren Gebiete im Norden waren wichtige Handelsposten.

⑨ Bronzetafel

Die Tafel würdigt die Yonge Street, die einst im Guinness-Buch der Rekorde als längste Straße der Welt geführt wurde. Sie teilt Toronto in Ost und West. Die erste U-Bahn-Linie der Stadt führte unter der Yonge Street entlang.

⑥ PATH

Vom CF Toronto Eaton Centre hat man Zugang zum rund 30 Kilometer langen System aus Fußgängertunneln, die zu diversen Sehenswürdigkeiten, Läden und Food Courts führen.

⑩ Yonge-Dundas Square

Die einst unansehnliche Kreuzung ist heute ein öffentlicher Platz (unten) mit 22 Springbrunnen. Hier finden vor allem in den Sommermonaten Veranstaltungen statt.

Hudson's Bay Company (HBC)

Rund 200 Jahre lang kontrollierte die HBC den lukrativen Pelzhandel auf dem nordamerikanischen Kontinent. Die Gesellschaft war so einflussreich, dass sie Gesetze erlassen konnte und Kriege mit indigenen Stämmen führte. Nach den britisch-französischen Kriegen verlor die HBC ihre Monopolstellung. 1870 verkaufte sie ihren Grundbesitz an Kanada, 1881 wurde der erste Laden eröffnet. 1991 schloss ihre letzte Pelzhandlung.

Infobox

Karte L3 ▪ 220 Yonge St (weitere Eingänge an der Yonge St zwischen Dundas & Queen St sowie an der Queen St westl. der Yonge St) ▪ U-Bahn: Dundas, Queen ▪ 1-416-598-8560 ▪ www.torontoeatoncentre.com

▪ Mo – Fr 10 – 21.30 Uhr, Sa 9.30 – 21.30 Uhr, So 10 – 19 Uhr

---

▪ Die Selbstbedienungslokale der Urban Eatery im Untergeschoss bieten Gerichte für fast jeden Geschmack. Das Trinity Square Cafe in der Church of the Holy Trinity serviert wochentags Lunch.

▪ Fahren Sie mit einem der gläsernen Fahrstühle nahe dem Springbrunnen nach oben und genießen Sie von dort einen grandiosen Ausblick.

▪ Das PATH-System ist farblich gekennzeichnet: P (rot) führt nach Süden, A (orange) nach Westen, T (blau) nach Norden und H (gelb) nach Osten.

TOP10 ⭐ Hockey Hall of Fame

Der »Tempel« zu Ehren des kanadischen Nationalsports nimmt einen Teil eines 1885 errichteten ehemaligen Bankgebäudes ein. Zur weltweit größten Sammlung von Erinnerungsstücken rund um das Thema Eishockey zählt auch der originale Stanley Cup. Das Spektrum der interaktiven Exponate reicht von Multimediaspielen, in denen es um Sportwissen geht, bis zu einer Simulation, bei der man gegen Animationen berühmter Spieler antreten kann.

① Stanley Cup

Das Museum besitzt das Original des Stanley Cup. Einer der berühmtesten Pokale wurde nach dem sechsten Generalgouverneur von Kanada benannt und 1893 erstmals verliehen.

② Kabine der Montreal Canadians

Im nachgebildeten Umkleideraum *(unten)* der Montreal Canadians im alten Forum de Montréal fehlen nur die Spieler.

③ Torwartmasken

Die unterhaltsame Ausstellung zeigt ausgefallene Masken *(links)*, die für die jeweiligen Torhüter individuell designt wurden.

④ Game Time Zone

Auf einem simulierten Eishockeyfeld samt Banden und Ergebnistafel können sich Besucher darin versuchen, ein Tor zu erzielen oder Schüsse von Stars wie Sidney Crosby und Alexandr Ovečkin zu parieren.

⑤ Great Hall

Die 14 Meter hohe Halle *(oben)* ist den Legenden des Eishockeys gewidmet. Deren Namen stehen an der Honoured Members Wall. In der Great Hall kann man alle wichtigen NHL-Trophäen bewundern.

Infobox

Karte L5 ▪ 30 Yonge St (Eingang über Brookfield Place) ▪ U-Bahn: Union Station, King ▪ 1-416-360-7735 ▪ www.hhof.com ▪ tägl. (Öffnungszeiten wechseln je nach Jahreszeit;

Infos auf der Website); 25. Dez & 1. Jan geschl.

▪ Eintritt: Erwachsene 19 $, Senioren (ab 65 Jahre) 15 $, Kinder (4–13 Jahre) 13 $

▪ Im Brookfield Place (siehe S. 42) bieten viele Restaurants Sitzplätze im Atrium. Im Food Court sind Snacks erhältlich.

▪ Die Hockey Hall of Fame besitzt zwei Vorführräume für Multimediapräsentationen und Filme über Sternstunden des Eishockeys.

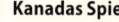

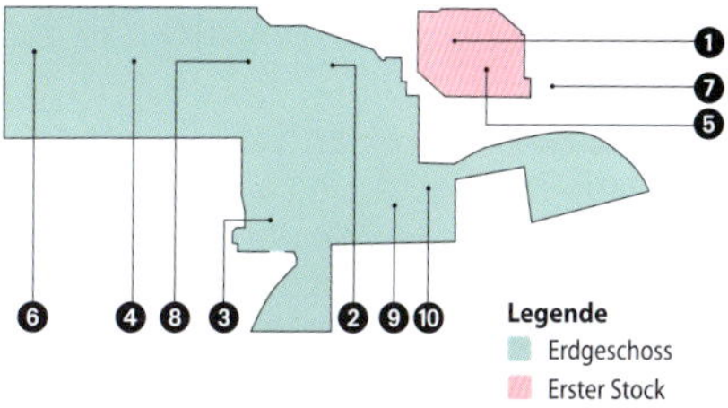
1
7
5
6
4
8
3
2
9
10
Legende
Erdgeschoss
Erster Stock

Kanadas Spiel

Obwohl viele Nationen behaupten, das Spiel mit dem Puck erfunden zu haben, nennen die Kanadier Eishockey ihr ureigenes Spiel. Die Ursprünge sind umstritten: Manche meinen, Studenten des King's College in Windsor (Nova Scotia) wären um 1800 die Ersten gewesen, andere schreiben dies den Micmac-Indianern zu. Sicher ist, dass in den 1850er Jahren in Halifax stationierte britische Soldaten Eishockey spielten.

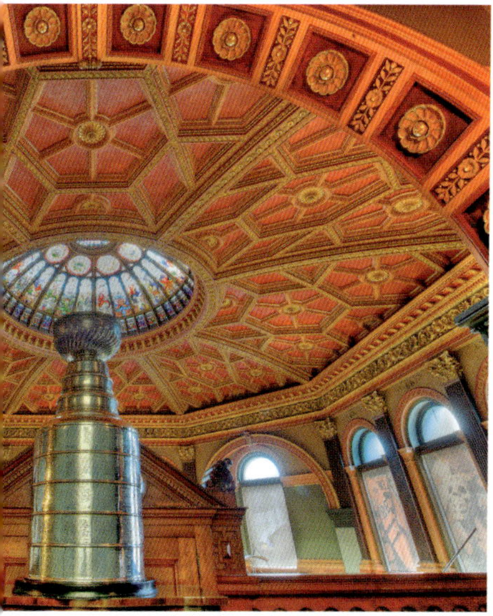

6 Broadcast Zone

Modernste Technik ermöglicht es dem Besucher, die Welt der Sportberichterstattung aus verschiedenen Blickwinkeln zu erfahren, z. B. kann er sich als Livekommentator oder als Sprecher vor der Kamera versuchen.

7 *Our Game*

Übermütige junge Eishockeyspieler an der Bande brennen darauf, ins Spiel einzugreifen: Die überlebensgroße Bronzeskulptur *(unten)* steht außerhalb des Museums an der Ecke Yonge und Front Street. Sie ist ein Werk von Edie Parker.

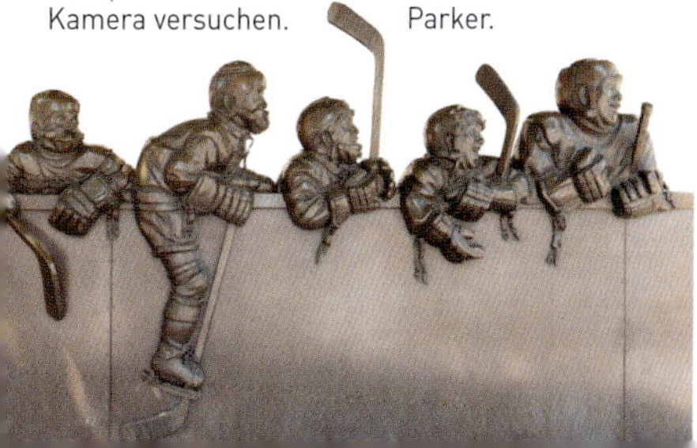

8 Kinos

In den beiden Kinosälen laufen Spiele in voller Länge, Zusammenfassungen und *Stanley's Game Seven*, der erste Eishockeyfilm in 3-D.

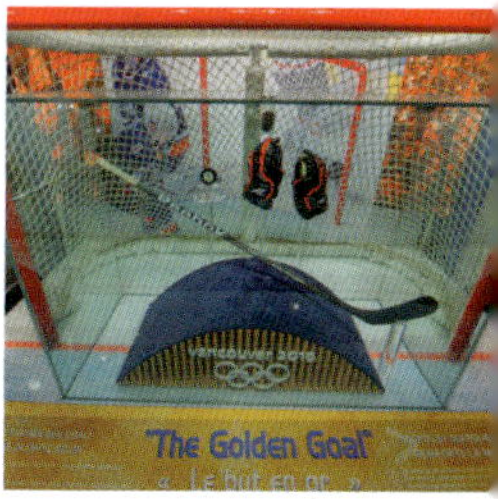
"The Golden Goal"
« Le but en or »

9 Golden Goal

Im Endspiel der Olympischen Winterspiele 2010 traf Sidney Crosby in der Overtime zum Sieg – mit diesem Stock, diesem Puck und diesen Handschuhen *(oben)*.

10 Spirit of Hockey Shop

Im Souvenirshop am Ausgang können sich Fans noch mit allem Erdenklichen rund um Eishockey eindecken: Es gibt Trikots, Schläger und vieles mehr.

TOP 10 ⭐ Niagara Falls

Tosend stürzen die Wassermassen aus einer Höhe, die ungefähr einem 20-stöckigen Haus entspricht, und bilden dabei eines der spektakulärsten Naturschauspiele der Welt. Neben den eindrucksvollen American Falls und den etwas kleineren Bridal Veil Falls – beide liegen innerhalb der USA – bilden die 57 Meter hohen kanadischen Horsehoe Falls den größten Teil der Niagara Falls. Bei einer Reise zu den berühmten Wasserfällen sollten Sie auch Zeit für die Erkundung der Region einplanen – namhafte Weingüter, Museen und die reizende Kleinstadt Niagara-on-the-Lake sind einen Besuch wert.

1 Voyage to the Falls
Die 20-minütige Fahrt mit einem Schiff von Hornblower Niagara Cruises führt zur Great Gorge sowie zu den American Falls, den Bridal Veil Falls und in die Gischt der Horsehoe Falls.

2 American Falls
Die Fälle jenseits der Grenze zur USA gehören zum Bundesstaat New York. Die American Falls sind 290 Meter breit und führen nur einen Bruchteil der Wassermenge, die über die Horseshoe Falls hinabstürzt.

3 Journey Behind the Falls
Felstunnel führen hinter die Horseshoe Falls. Der Blick auf die Rückseite der Wasserwand wie auch die Aussicht vom Rand der Schlucht sind atemberaubend *(unten)*. Regenschutz liegt bereit.

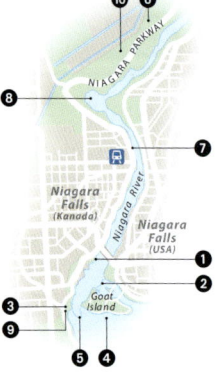

4 *The Old Scow*
1918 strandete diese Barkasse an Felsen mitten im Fluss. Die beiden Männer an Bord überlebten, mussten aber 29 Stunden auf ihre Bergung warten.

8 Whirlpool Rapids

Etwas flussabwärts bildet der Fluss in einer engen Biegung extrem gefährliche Stromschnellen. Eine Drahtseilbahn *(links)* ermöglicht den Blick von oben.

5 Horseshoe Falls

Die rund 670 Meter breiten halbkreisförmigen Wasserfälle *(unten)* führen beinahe 90 Prozent des Wassers des Niagara River, der vom Lake Erie aus in den Lake Ontario fließt.

Mächtiger Strom

Die Erosionskräfte, die einst die Fälle schufen, werden sie eines Tages wohl auch verschwinden lassen. Die Wassermassen erodierten den Fels um 1,80 Meter pro Jahr, bis man begann, Kraftwerke am Fluss zu bauen. Heute hat sich die Erosion auf jährlich 30 Zentimeter verringert. Über die Niagara Falls fließt fast ein Fünftel des weltweiten Süßwassers – ein Graben zwischen der Ost- und Westküste Kanadas wäre in einer Stunde gefüllt.

6 Butterfly Conservatory

In dem riesigen beheizten Kuppelbau fliegen zahllose farbenprächtige Schmetterlinge *(unten)* frei umher – und landen manchmal auch auf entzückten Besuchern.

9 Table Rock

Der beliebte Aussichtspunkt oberhalb der Horseshoe Falls erhielt seinen Namen, weil der Felsen dort einst wie eine Tischplatte über die Schlucht ragte. Da man sie für instabil hielt, wurde die Felsbank 1935 weggesprengt.

10 Niagara Parks Botanical Gardens

In einem der herrlichen Gärten *(oben)*, neun Kilometer von den Fällen entfernt, wachsen mehr als 2000 Rosen.

7 White Water Walk

Mit einem Lift geht es hinunter in die Schlucht zu einem Tunnel, der zu einem Holzsteg führt. Am Fluss genießt man einen atemberaubenden Blick auf die tückischen Stromschnellen.

Infobox

Karte Q3

Information:
5400 Robinson St; 1-905-356-6061 oder 1-800-563-2557; Rabattgutscheine online erhältlich; www.niagarafallstourism.com

Voyage to the Falls:
Erwachsene 25,95 $, Kinder (5–12 Jahre) 15,95 $, unter 4 Jahren frei; www.niagara cruises.com

■ Windows by Jamie Kennedy (www.windowsby jamiekennedy.com) serviert Gourmetgerichte mit Blick auf die Wasserfälle.

■ Der Adventure Pass gilt auch als Ticket für Hornblower Niagara Cruises, Journey Behind the Falls, White Water Walk, Niagara's Fury und den WEGO-Bus (www.niagaraparks.com).

Attraktionen rund um Niagara Falls

① Fallsview Casino Resort
6380 Fallsview Blvd, Niagara
Falls ▪ 1-888-325-5788 ▪ tägl. 24 Std.
▪ www.fallsviewcasinoresort.com
Hier kann man an ca. 3000 Automaten und 130 Spieltischen sein Glück versuchen. Hotel, Spa, Restaurants und Läden gehören auch zur Anlage.

Freizeitpark Clifton Hill

② Clifton Hill
Niagara Falls ▪ 1-905-358-3676
▪ www.cliftonhill.com
Clifton Hill bietet neben Museen, Minigolfanlagen, Fahrgeschäften und anderen Attraktionen Hotels und Restaurants für jedes Budget.

③ Helikopterflüge
Niagara Helicopters (10 Min.);
1-905-357-5672 ▪ National Helicopters (20 Min.); 1-800-491-3117
Die Flüge über die Wasserfälle sind faszinierend.

④ IMAX Theatre Niagara Falls
6170 Fallsview Blvd, Niagara Falls
▪ 1-866-405-4629 ▪ www.imax
niagara.com
Beim Film *Niagara: Miracles, Myths & Magic* über die Geschichte der Fälle hat man als Zuschauer das Gefühl, mitten im Geschehen zu sein. Die Daredevil Exhibit zeigt Originalfässer von Niagara-Stunts.

⑤ Welland Canal
Welland Canals Centre: 1932
Welland Canals Pkwy, St. Catharines;
1-800-305-5134; tägl. 9–17 Uhr
▪ www.niagarawellandcanal.com
Im 43 Kilometer langen Kanal zwischen Lake Ontario und Lake Erie gleichen acht Schleusen 100 Meter Höhenunterschied aus. Von der parallel verlaufenden Straße von Thorold nach St. Catharines kann man Schiffe beobachten.

⑥ Queenston Heights Park
Niagara River Pkwy, Niagara Falls
Ein Denkmal erinnert an den britischen General Brock, der 1812 bei dem Angriff der Amerikaner fiel *(siehe S. 68)*. Der beliebte Picknickplatz bietet einen herrlichen Blick auf den Niagara River.

⑦ Old Fort Erie
350 Lakeshore Rd, Fort Erie
▪ 1-905-871-0540 ▪ Mitte Mai–Okt:
tägl. 10–17 Uhr ▪ Eintritt
Das Fort war im 18. Jahrhundert eine Versorgungsstation für britische Truppen. Es wurde 1814 von US-Truppen zerstört und später rekonstruiert.

⑧ Skylon Tower
5200 Robinson St,
Niagara Falls ▪ 1-905-356-2651 ▪ Sommer: tägl. 8–24 Uhr; Winter: tägl. 9–22 Uhr
▪ Eintritt ▪ www.skylon.com
Von der Besucherplattform reicht der Blick bei gutem Wetter bis zu 130 Kilometer weit. Der Turm erhebt sich 236 Meter über die Wasserfälle. Das Drehrestaurant ist eine bei Feinschmeckern beliebte Adresse.

Skylon Tower mit Drehrestaurant

Nachstellung im Fort George

⑨ Fort George
Queen's Parade, Niagara-on-the-Lake ■ 1-905-468-6614 ■ Mai–Okt: tägl. 10–17 Uhr; Nov, Apr: Sa, So 10–17 Uhr; Dez–März: Sa, So 12–16 Uhr ■ Eintritt
Das britische Fort von 1796 war im Britisch-Amerikanischen Krieg

(*siehe S. 68*) von großer strategischer Bedeutung. Es wurde originalgetreu restauriert, auch das Personal ist im Stil jener Zeit gekleidet.

⑩ MarineLand
7657 Portage Rd, Niagara Falls ■ 1-905-356-9565 ■ Ende Mai – Mitte Okt: 10–17 Uhr (Ticketschalter); Park ist bis Sonnenuntergang geöffnet ■ Eintritt ■ www.marinelandcanada.com
Der Vergnügungspark bietet mehr als zehn Fahrgeschäfte, u. a. eine Achterbahn mit Looping und den Freifallturm Sky Screamer.

Echte Teufelskerle

In rund 200 Jahren riskierten zahlreiche Draufgänger ihr Leben an den Niagara Falls. 19 von ihnen starben, viele andere kamen nur mit Glück davon. Sam Patch war 1829 der Erste, der einen Kopfsprung von einer 26 Meter hohen Plattform in den brausenden Niagara River wagte – und überlebte. Zehn Tage später tat er es erneut, aus 40 Metern Höhe. Der Große Blondin überquerte 1859 die Schlucht neunmal auf dem Hochseil – einmal trug er dabei seinen Manager auf dem Rücken. Blondin kam 1860 wieder und schob u. a. einen Schubkarren über das Seil, wurde jedoch vom Großen Farini übertrumpft, der bei seiner Nummer eine Waschmaschine trug. Farini trat alle zwei Wochen auf und wurde in seinen Darbietungen immer waghalsiger – starb aber friedlich im Alter von 91 Jahren. Maria Spelterini überquerte die Fälle 1876 als erste Frau. Die erste Person, die in einem Fass den Sturz über die Fälle überlebte, war 1901 Annie Taylor.

Niagara-Draufgänger

1 Jean F. Gravelet, der Große Blondin, Hochseilüberquerung, 1859

2 Guillermo A. Farini, Hochseilüberquerung auf Stelzen, 1864

3 Henry Bellini, Hochseilüberquerung & Sprung in den Fluss, 1873

4 Maria Spelterini, Hochseilüberquerung, 1876

5 Carlisle Graham, im Fass durch die Fälle, 1886

6 Clifford Calverly, schnellste Hochseilüberquerung, 1887

7 James Hardy, jüngster Hochseilüberquerer (21 Jahre), 1896

8 Annie Edson Taylor, im Fass durch die Fälle, 1901

9 Lincoln Beachey, erster Flugzeug-Stunt, 1911

10 Nik Wallenda, Hochseilüberquerung, 2012

Blondin konnte nicht genug kriegen. Er überquerte die Niagara Falls viele Male.

Themen

Michael Lee-Chin Crystal, moderner
Erweiterungsbau des Royal Ontario Museum

TOP10 Museen & Sammlungen

① Royal Ontario Museum
Kanadas größtes Museum bietet Kunst, Archäologie, Wissenschaft und Natur. Die Ausstellungsräume bergen über sechs Millionen Exponate *(siehe S. 12–15)*.

② Gardiner Museum of Ceramic Art
Das 1984 gegründete Museum zeigt präkolumbische Tonwaren, europäisches Porzellan, asiatische Keramiken und zeitgenössische Kunst aus der Sammlung von George und Helen Gardiner *(siehe S. 78)*.

Figur, Gardiner Museum of Ceramic Art

③ McMichael Canadian Art Collection
Werke der Group of Seven sind die Prunkstücke dieses Museums. Die Künstlergruppe bemühte sich zu Beginn des 20. Jahrhunderts um die Schaffung eines nationalen Kunststils mit der kanadischen Natur als zentralem Thema *(siehe S. 96)*.

④ Power Plant Contemporary Art Gallery
Die Galerie präsentiert zeitgenössische Kunst aus Kanada und dem Rest der Welt – oft provokant, aber stets von hoher Qualität. Wen die Kunstwerke zu sehr befremden, der kann sich auf das Gebäude konzentrieren: Ein Ziegelschornstein krönt das einstige Elektrizitätswerk aus den 1920er Jahren *(siehe S. 70)*.

⑤ Art Gallery of Ontario
Etwa 600 Jahre menschlicher Schaffenskraft sind hier zu bestaunen. Das Museum besitzt mehr als 80 000 Werke aller Kunstrichtungen. Besonders eindrucksvoll ist die Sammlung mit Kunst aus Kanada *(siehe S. 20f)*.

⑥ Textile Museum of Canada
Karte K3 ▪ 55 Centre Ave ▪ 1-416-599-5321 ▪ tägl. 11–17 Uhr (Mi bis 20 Uhr) ▪ Eintritt ▪ www.textilemuseum.ca
Die 10 000 Exponate des Museums umfassen Stoffe, Festkleider, Quilts und Teppiche aus aller Welt. Wechselausstellungen zeitgenössischer Arbeiten ergänzen die historische Sammlung.

⑦ Bata Shoe Museum
In einem ungewöhnlichen, einem Schuhkarton ähnelnden Gebäude wird an über 13 000 Anschauungsstücken aus über 4500 Jahre alte Geschichte des Schuhwerks erläutert. Die Präsentation reicht von altägyptischen Begräbnisschuhen über nigerianische Kamelreiterstiefel aus dem 19. Jahrhundert bis zu Elvis Presleys Lackslippern *(siehe S. 76)*.

⑧ Ontario Science Centre
Hunderte interaktiver Objekte machen die Wissenschaft zu einem faszinierenden Spaß. Besucher können einen Tornado berühren, einen Raketenstuhl steuern, Papier in

einem Windtunnel beobachten, eine Achterbahn mit Rampen und Loopings konstruieren und erfahren, wie Strom die eigenen Haare zu Berge stehen lässt *(siehe S. 95)*.

9 Aga Khan Museum

Das eindrucksvoll designte Museum widmet sich dem Kultur- und Wissenschaftserbe der Muslime von der Iberischen Halbinsel bis China. Die Exponate, u. a. Manuskripte, Gemälde und Keramiken, stammen aus der Zeit vom 8. bis zum 21. Jahrhundert. Im Auditorium finden das ganze Jahr über Kulturevents statt. Der öffentliche Garten ist eine Ruheoase *(siehe S. 96)*.

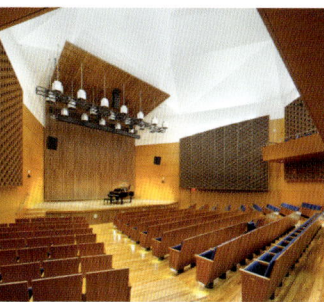

Auditorium, Aga Khan Museum

10 Toronto-Dominion Gallery of Inuit Art

Die auf Inuit-Bildhauerei der Nachkriegszeit spezialisierte Galerie besitzt 200 meist aus Speckstein gefertigte Exponate. Sie symbolisieren Kultur und Mythen des Volkes aus der kanadischen Arktis. Das Gebäude ist dem TD Bank Tower nachempfunden – einem Werk des Architekten Mies van der Rohe *(siehe S. 70)*.

Futuristisches Ontario Science Centre

Kleine Museen

Besucher vor dem Campbell House

1 St. Lawrence Market Gallery
Auf zwei Etagen gibt es Ausstellungen zu Kunst, Kultur und Geschichte *(siehe S. 90)*.

2 Mackenzie House
Hier wohnte der erste Bürgermeister von Toronto *(siehe S. 87)*.

3 Toronto's First Post Office
Das Museum dient noch heute als Postamt *(siehe S. 89)*.

4 TIFF Bell Lightbox
Karte J4 ▪ 350 King St W ▪ 1-416-599-8433 ▪ Di – So ▪ Eintritt
Die Zentrale des Toronto International Film Festival zeigt Ausstellungen zum Thema Film.

5 MOCCA
Karte B4 ▪ 952 Queen St W ▪ 1-416-395-0067 ▪ Di – So
Das Museum steht für innovative Kunst.

6 Redpath Sugar Museum
Karte M6 ▪ 95 Queens Quay E ▪ 1-416-366-3561 ▪ Mo – Fr
Neben einer Raffinerie wird die Geschichte der Zuckerherstellung erzählt.

7 Campbell House
Das Gebäude (1822) ist das älteste der Stadt *(siehe S. 77)*.

8 University of Toronto Art Centre
Karte J1 ▪ 15 King's College Circle ▪ 1-416-978-1838 ▪ Di – Sa
Die Kunstsammlung hinter dem University College ist beeindruckend.

9 Design Exchange
In der ehemaligen Börse von Toronto, einem Art-déco-Bau, ist kanadisches Design zu sehen *(siehe S. 70)*.

10 CBC Museum
Karte J5 ▪ 250 Front St W ▪ 1-416-205-5574
Hier erfahren Sie alles über Kanadas staatlichen Rundfunksender.

TOP10 Beeindruckende Bauwerke

University College, das älteste College der University of Toronto

1 University of Toronto

Die im Jahr 1827 als King's College gegründete Universität umfasst mehrere Gebäude, darunter das im neuromanischen Stil erbaute University College *(siehe S. 78)*.

2 Brookfield Place
Karte L5 ■ **181 Bay St**

Der Spanier Santiago Calatrava entwarf das Atrium des Büro- und Geschäftskomplexes. Ein Dach aus Stahl und Glas sorgt für interessante Schattenspiele.

Bogenkonstruktion, Brookfield Place

3 CN Tower

Torontos Wahrzeichen, das höchste Gebäude der westlichen Hemisphäre, dominiert die Skyline der Stadt *(siehe S. 16f)*.

4 Toronto-Dominion Centre

Das Ensemble aus zwei ebenmäßigen Türmen, einem flachen Pavillon aus Glas und schwarzem Stahl sowie einer großen Plaza ist das Werk des Architekten Ludwig Mies van der Rohe (1886–1969). Es wurde 1971 fertiggestellt und initiierte den Bauboom im Financial District. Später kamen vier weitere Türme hinzu *(siehe S. 68)*.

5 Royal Bank Plaza
Karte K4 ■ **200 Bay St**

Die 14 000 verspiegelten Fenster der beiden Türme (1977) sind mit 24-karätigem Gold isoliert. Der Aufwand von fast einer Million Dollar wird angeblich an Heizkosten eingespart.

6 The L Tower
Karte L5 ■ **22 The Esplanade**

Das 58-stöckige, elegant geschwungene Wohngebäude neben dem Sony Centre for the Performing Arts *(siehe S. 50)* entstand nach einem Entwurf von Daniel Libeskind.

Old City Hall

Das alte Rathaus, ein Parade-
beispiel für den von Richardson ent-
wickelten neuromanischen Stil,
dient heute als Gerichtsgebäude.
Der 1899 fertiggestellte Bau ist ein
Werk von E. J. Lennox, der für viele
stolze historische Gebäude Torontos
verantwortlich ist *(siehe S. 78)*.

 **Sharpe Centre
for Design**

Karte J3 ▪ 100 McCaul St

Der Anbau am Ontario College of Art
and Design steht auf 30 Meter hohen
Stelzen, wodurch dieser kühn und
spielerisch wirkt. Ein Tunnel verbindet den zweistöckigen Bau mit dem
Hauptgebäude.

 **Union Station**

Karte K5 ▪ 65 Front St W

Die Halle des in den 1920er Jahren
erbauten Bahnhofsgebäudes besitzt
eine 27 Meter hohe gewölbte Decke
(siehe S. 17).

10 **City Hall**

Das neue Rathaus rief in den
1960er Jahren einen Sturm der Ent-
rüstung hervor. Der finnische Architekt Viljo Revell gestaltete die zwei
bogenförmigen Türme, die den Kuppel-
pelbau des Ratssaals flankieren. Der
belebte Nathan Phillips Square vor
der City Hall ist das symbolische
Herz der Stadt *(siehe S. 77)*.

**Unverkennbar – die
Türme der City Hall**

Kunst im öffentlichen Raum

Kunst in der King Street: *The Pasture*

1 *The Pasture*
Karte L4 ▪ 77 King St W
Joe Fafards sieben Bronzekühe sind
lebensgroß.

2 *Three Way Piece No. 2*
Karte K3 ▪ Nathan Phillips Sq
Henry Moores Skulptur, auch *The Archer*
genannt, war 1966 sehr umstritten, ist
heute aber nicht mehr wegzudenken.

3 *Immigrant Family*
Karte L5 ▪ 18 Yonge St
Die knuffige Familie ist ein Werk des
Bildhauers Tom Otterness.

4 **Toronto Sculpture Garden**
Karte L4 ▪ 115 King St E
Die Wechselausstellungen präsentieren
moderne Kunst.

5 *Red Canoe*
Karte H5 ▪ Canoe Landing Park
Das riesige Kanu steht auf einer Platt-
form über dem Gardiner Expressway.

6 *Search Light, Star Light, Spot Light*
Karte K5 ▪ Air Canada Centre
Drei hohle, mit Hunderten sternförmiger
Löcher versehene Metallsäulen werden
von innen beleuchtet.

7 *Mountain*
Karte J4 ▪ Simcoe Park
Die prächtige Aluminiumskulptur
stammt von Anish Kapoor.

8 *The Audience*
Karte J5
Ungestüme »Fans« drängeln sich auf
Michael Snows Fries am Rogers Centre.

9 *Woodpecker Column*
Karte J5 ▪ 222 Bremner Blvd
An der 30 Meter hohen Säule klopfen
Spechte.

10 *City People*
Karte K4 ▪ Royal Bank Plaza
Bunte Figuren drehen sich sanft im Wind.

TOP10 Parks & Gärten

1 High Park

Kilometerlange Radwege und Wanderpfade führen durch die Gärten und Wäldchen des größten Parks in Downtown. Am Südende liegen Colborne Lodge und Grenadier Pond, wo die Einheimischen im Sommer gerne angeln und im Winter eislaufen *(siehe S. 98)*.

High Park, grüne Oase in Downtown

2 Mount Pleasant Cemetery
Karte D1

Dank seiner stattlichen Baumreihen wirkt der Friedhof von 1876 wie ein Park. Beim Spaziergang entlang den Gräbern stößt man auf die Namen berühmter Kanadier wie etwa des Pianisten Glenn Gould (1932–1982), auf dessen Grabstein die Anfangstakte von Bachs *Goldberg-Variationen* eingraviert sind.

3 Leslie Street Spit
Karte F6

Der offizielle Name des Naturparks ist Outer Harbour East Headland. Der nördliche Teil, ein Erholungsgebiet, ist eine künstliche Halbinsel, die fünf Kilometer in den Lake Ontario hineinreicht. Hier leben über 290 Vogelarten. Die Feuchtgebiete, Wiesen und Wälder beheimaten viele seltene Pflanzen. Der Leuchtturm an der Südspitze ist ein beliebtes Ziel für Radausflüge.

4 Edwards Gardens

Der Park mit den Rhododendronbeeten ist eine wahre Oase und im Sommer ein beliebter Ort für Hochzeitsfeiern. Der Lehrgarten ist vor allem für Kinder ein Erlebnis. Der Toronto Botanical Garden *(siehe S. 98)* befindet sich ebenfalls auf dem Gelände.

5 Yorkville Park
Karte C3

Das Schmuckstück unter den Parks ist in mehrere Gärten und Themenbereiche gegliedert, z. B. Espenhain, Feuchtgebiet und Graslandschaft. Oft wabern Nebelschwaden durch die Wipfel der Nadelbäume. Ein großer Granitfelsen aus dem Kanadischen Schild lädt zu einer Rast ein.

6 Humber Bay Park East
Karte A2

Hier hat man die beste Sicht auf die Stadt. Der Park ist über den Waterfront Trail leicht mit dem Fahrrad zu erreichen, bietet aber auch herrliche Spaziergänge. Große Biotope wie die Wiesen voller Wildblumen ziehen Vögel und Schmetterlinge an *(siehe S. 98)*. Lehrpfade sowie mehrere Teiche und Tümpel tragen zur Attraktivität des Parks bei.

7 Toronto Music Garden

Die sechs Sektionen des ungewöhnlichen Gartens sind jeweils von einem Satz der *Cello-Suite Nr. 1* von Bach inspiriert. Verschlungene Pfade führen über Hügel und durch Wäldchen *(siehe S. 67)*.

8 Evergreen Brick Works

Die Natur hat diese ehemalige Ziegelei wieder zurückerobert. Das Weston Quarry Gardens genannte Areal mit seinen Seen und Wiesen ist die Heimat von Vögeln und Wildtieren. Ausgrabungen haben Fossilien ans Tageslicht befördert, die Aufschluss über die Flora und Fauna geben, die hier vor über einer Million Jahren existierte *(siehe S. 89)*.

9 Rouge National Urban Park

Der 79 Quadratkilometer große Park am Rouge River wurde 2011 als erster in Kanada zum National Urban Park erklärt. Er bietet einzigartige Flora und Fauna sowie Marschland am Seeufer. Hier kann man leicht einen Tag verbringen *(siehe S. 98)*.

Streifenhörnchen im Park am Rouge River

10 Ashbridges Bay Park
Karte B2

Genießen Sie ein Picknick in diesem Park am See, beobachten Sie Boote oder treiben Sie Sport. Am Nordende führt der Martin Goodman Trail *(siehe S. 98)* zur Strandpromenade.

Weg durch den Toronto Music Garden

Sportveranstaltungen

Spieler der Maple Leafs vor dem Tor

1 Toronto Maple Leafs
Karte K5 ▪ Air Canada Centre, 40 Bay St ▪ 1-416-703-5323
Das NHL-Team genießt Kultstatus.

2 Toronto Blue Jays
Karte J5 ▪ Rogers Centre, 1 Blue Jays Way ▪ 1-888-654-6529
Das Baseballteam spielt in der American League.

3 Toronto Raptors
Karte K5 ▪ Air Canada Centre, 40 Bay St ▪ 1-416-366-3865
Das NBA-Basketballteam begeistert Fans.

4 Toronto Argonauts
Karte J5 ▪ Rogers Centre, 1 Blue Jays Way ▪ 1-416-341-2746
Auch in Kanada wird Football gespielt.

5 Toronto Rock
Karte K5 ▪ Air Canada Centre, 40 Bay St ▪ 1-416-596-3075
Lacrosse ist in Kanada Nationalsport.

6 Toronto FC
Karte A5 ▪ BMO Field, Exhibition Place ▪ 1-416-360-4625
Der Fußballclub spielt in der Major League Soccer.

7 Woodbine Race Track
Karte A1 ▪ 555 Rexdale Blvd ▪ 1-416-675-7223
Die Rennbahn ist Heimat des Queen's-Plate-Pferderennens.

8 Honda Indy
Karte A5 ▪ 1-416-588-7223
Der kanadische Höhepunkt der IZOD IndyCar Series zieht die Massen an.

9 Scotiabank Toronto Waterfront Marathon
Karte A5 – F5 ▪ 1-416-944-2765
Die Strecke führt am Lake Ontario vorbei.

10 Toronto Marlies
Karte A5 ▪ Ricoh Coliseum, Exhibition Place ▪ 1-416-597-7825
Das AHL-Team schickt Spieler in die NHL.

TOP10 Unbekanntes Toronto

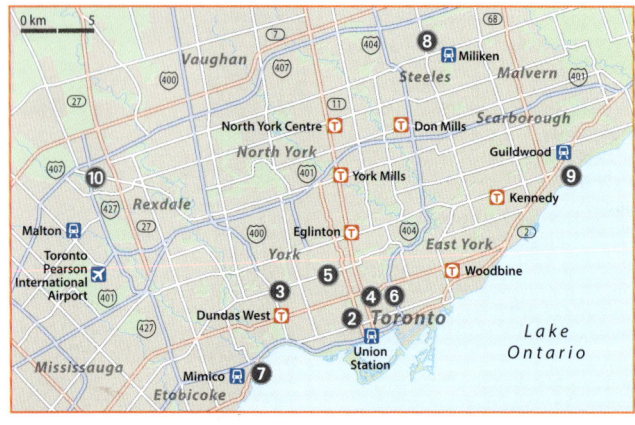

1 The Haunted Walk
www.hauntedwalk.com/
toronto-tours

Der 90-minütige Rundgang enthüllt Torontos geheimnisumwitterte Seite. Ortsansässige Reiseführer und Hobbyhistoriker erzählen von mysteriösen Vorkommnissen in Downtown.

2 Graffiti Alley
Karte H4 ■ Zugang bei 753 Queen St W

Der Verbund kleiner Gassen und Durchgänge südlich von Chinatown *(siehe S. 77)* dient Graffitikünstlern

Bunte Street-Art, Graffiti Alley

als Leinwand. Die bunten Kunstwerke sind eine beliebte Kulisse für Modefotos. Am besten sehen Sie sich das Viertel bei Tageslicht an.

3 The Junction
Karte A2 ■ 20 Jerome St

Von 1904, als die damaligen Anwohner gegen den Verkauf von Alkohol stimmten, bis 1996 war das Viertel eine alkoholfreie Zone. Heute trifft man hier auf 100 Jahre alte Gebäude, wie die vier an der Ecke Dundas West Street und Keele Street, sowie auf schicke Bars, Restaurants, Läden und ein Terrakotta-Haus.

4 Jarvis Street Mansions
Karte M1 ■ Jarvis St

In der Jarvis Street lebten einst die Superreichen der Stadt in prächtigen Villen, z. B. die Familie Massey, die mit Maschinen für die Landwirtschaft reich wurde, in No. 515. Darin befindet sich heute ein Restaurant der Keg-Kette. Sehenswert sind auch das Haus 519 Jarvis Street sowie zwei Häuser am Wellesley Place.

5 Wychwood Park
Karte B1 ■ Eingang zwischen 77 & 81 Alcina Ave

Die schmucken Häuser und Alleen aus dem 19. Jahrhundert bilden ein

Dorf innerhalb der Stadt. Die frühere Künstlerkolonie wird heute von den Bewohnern selbst verwaltet. Ein etwas versteckter Durchgang ermöglicht es Besuchern, sich das Viertel anzusehen.

⑥ Toronto Necropolis
Karte E3 ■ 200 Winchester St, bei der Riverdale Farm

Der Friedhof mit einer gotischen Kapelle, seltenen Sträuchern und viktorianischen Denkmälern ist die letzte Ruhestätte vieler berühmter Einwohner von Toronto, u. a. von William Lyon Mackenzie, dem ersten Bürgermeister der Stadt und Führer der Upper Canada Rebellion.

⑦ Humber Bay Arch Bridge & Sheldon Lookout
Karte A2 ■ Martin Goodman Trail, südl. des Lake Shore Blvd W & nahe der Windermere Ave

Die Bogenbrücke für Fußgänger und Radfahrer über der Mündung des Humber River steht dort, wo einst ein Handelsweg der Ureinwohner begann. Von der Brücke wie auch von dem benachbarten Aussichtspunkt Sheldon Lookout hat man einen herrlichen Blick auf die Stadt.

⑧ Pacific Mall
Karte B1 ■ 4300 Steeles Ave E ■ www.pacificmalltoronto.ca

Die Pacific Mall ist ein schönes Stück Asien in Torontos Nordosten und vielleicht das größte chinesische Shoppingcenter in Nordamerika. Hier gibt es alles von Elektronik bis hin zu handgemachten Nudeln.

BAPS Shri
Swaminarayan
Mandir

⑨ Guild Park & Gardens
Karte B1 ■ 201 Guildwood Parkway ■ www.todocanada.ca/city/ toronto/listing/guildwood-park-gardens-scarborough-ontario

In dieser Art Freilichtmuseum stehen Reste des Architekturerbes von Toronto, etwa Fassadenteile und Säulen einer alten Bank oder der Glockenturm einer Schule. Die Lage direkt an den Steilklippen Scarborough Bluffs ist atemberaubend.

Greek Theatre, Guild Park & Gardens

⑩ BAPS Shri Swaminarayan Mandir
Karte A1 ■ 61 Claireville Dr ■ 1-416-798-2277 ■ www.baps.org/toronto

Die Hindu-Gebetsstätte ist zugleich ein architektonisches Meisterwerk in einem ansonsten uninteressanten Industriegebiet. Für den Bau wurden 24 000 Teile aus italienischem Marmor von Hand zugeschnitten. Auf dem Gelände befindet sich auch ein für Besucher zugängliches Museum.

🔟 Kinder

① Ripley's Aquarium of Canada

Kinder werden die riesigen Becken lieben, vor allem diejenigen, in die sie dank Plexiglas und Unterwassertunnel quasi selbst eintauchen können *(siehe S. 28f)*.

② Hockey Hall of Fame

Der Eishockeynachwuchs kann hier seine Fähigkeiten als Stürmer oder Torhüter testen. Nirgendwo sonst gibt es derart viel über diesen urkanadischen Sport zu erfahren und zu bestaunen *(siehe S. 32f)*.

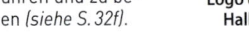

Logo der Hockey Hall of Fame

③ Ontario Science Centre

In dem Museum sind Kinder kaum mehr zu halten – und das ist auch nicht nötig. Spielerisch erfahren sie etwas über Sport, Medizin, Computer und Elektrizität. Mehr als 800 interaktive Exponate sorgen für ungetrübten Spaß *(siehe S. 95)*.

④ Harbourfront Centre

Dieses kinderfreundliche Center an der Harbourfront ist stets gut besucht. Bei Kindern sind das Craft & Design Studio am Artport sowie die Eislaufbahn und die Open-Air-Konzerte besonders beliebt *(siehe S. 67)*.

⑤ Young People's Theatre

Die hier aufgeführten Stücke treffen stets den Geschmack der jungen Besucher. Man sieht noch die Fassade des ursprünglichen Gebäudes von 1881, eines Stalls für Trambahnpferde *(siehe S. 71)*.

⑥ Centre Island

Eine Hauptattraktion dieser Insel ist der Centreville Amusement Park *(siehe S. 19)*, wo sich u. a. noch ein Karussell aus dem Jahr 1907 dreht. Kinder haben aber auch beim Ponyreiten oder Tretbootfahren Spaß.

⑦ Canada's Wonderland

Mehr als 200 Attraktionen locken Besucher in den Freizeitpark, darunter etwa 70 Fahrgeschäfte, ein Wasserpark und diverse Liveshows. Für den besonderen Nervenkitzel sorgt Leviathan, eine der höchsten Achterbahnen der Welt. Für kleine Kinder gibt es aber auch harmlosere Fahrgeschäfte *(siehe S. 95)*.

Familienspaß in Canada's Wonderland

Kinder bestaunen eine Schlange im Zoo

⑧ Toronto Zoo

Der Zoo legt mehr Wert auf artgerechte Haltung und auf Information der Besucher als auf Unterhaltung und Spektakel. Das Gelände ist in sieben geografische Zonen unterteilt. Die großzügig gestalteten Gehege erlauben einen guten Blick auf die insgesamt mehr als 500 verschiedenen Tierarten *(siehe S. 95)*.

⑨ Riverdale Farm

Karte E3 ▪ 201 Winchester St ▪ tägl. 9–17 Uhr

Auf dem landwirtschaftlichen Lehrgelände mitten in der Stadt leben Schweine, Ziegen, Schafe, Pferde und Hühner. Die Scheunen wurden im 19. Jahrhundert errichtet. Der Bauernhof ist eine Nachbildung. Die dortigen Tiere sollten nicht gestreichelt werden.

⑩ Royal Ontario Museum

Kanadas größtes Museum ist ein wunderbarer Ort für Kinder, da sie hier viele Objekte anfassen dürfen. Bei den Dinosauriern und Mumien heißt es zwar noch »Bitte nicht berühren«, doch von den interaktiven Bereichen der Abteilung über Artenvielfalt werden Kinder ebenso begeistert sein wie vom CIBC Discovery Room *(siehe S. 12–15)*.

Kinderfreundliche Lokale

1 Sunset Grill
Karte J4 ▪ 2006 Queen St E, The Beach ▪ 1-416-690-9985
Kinder lieben diesen Diner besonders.

2 Wayne Gretzky's
Karte J4 ▪ 99 Blue Jays Way ▪ 1-416-979-7825
In Eishockeyambiente werden Pub-Klassiker serviert.

3 Five Doors North
Karte B2 ▪ 2088 Yonge St ▪ 1-416-480-6234
Pasta und Fleisch vom Grill sind lecker.

4 Swiss Chalet
Karte J6 ▪ 266 Queens Quay W ▪ 1-416-596-7292
Kindern ist es egal, dass die Kette scheinbar in den 1980er Jahren stecken blieb.

5 Stack
Das Grillrestaurant serviert auch kleine Portionen *(siehe S. 99)*.

6 Magic Oven
Karte F3 ▪ 798 Danforth Ave ▪ 1-416-868-6836
Östlich der Pape Ave gibt es leckere Pizza und Pasta.

7 Lakeview Restaurant
Karte A4 ▪ 1123 Dundas St W ▪ 1-416-535-2828
Der Diner ist ein Klassiker seiner Art.

8 La Cubana
Karte A2 ▪ 392 Roncesvalles Ave ▪ 1-416-538-7500
Familien schätzen die große Terrasse.

9 Fancy Franks Gourmet Hot Dogs
Karte H2 ▪ 326 College St ▪ 1-416-920-3647
Hier gibt es Hotdogs in 18 Variationen.

10 Old Spaghetti Factory
Karte L5 ▪ 54 The Esplanade ▪ 1-416-864-9761
Auch größere Gruppen finden hier Platz.

Old Spaghetti Factory

◨ Theater & Musikbühnen

Wunderschön erhaltener Zuschauersaal im Elgin Theatre

① Elgin Theatre & Winter Garden Theatre

Die beiden sorgfältig restaurierten Theater aus dem Jahr 1913 teilen sich ein Gebäude – das Winter Garden befindet sich sieben Stockwerke über dem Elgin – und bieten Raum für Konzerte, Opern und beliebte Broadway-Musicals *(siehe S. 71)*.

② Koerner Hall

Karte C3 ▪ 273 Bloor St W ▪ 1-416-408-0208 ▪ www.rcmusic.com/performance

Der Konzertsaal im Telus Centre for Performance and Learning der Royal Conservatory präsentiert mit unübertroffener Akustik Klassik, Weltmusik und Jazz.

Konzert in der Koerner Hall

③ Sony Centre for the Performing Arts

Karte L5 ▪ 1 Front St E ▪ 1-855-872-7669 ▪ www.sonycentre.ca

Tänzer Michail Barišnikov nutzte 1974 hier die Chance zur Flucht aus der UdSSR. Das renovierte Theater bietet abwechslungsreiche Shows, u.a. Beck, Sesame Street Live und das Eifman Ballet St. Petersburg.

④ Budweiser Stage

Karte A5 ▪ 909 Lake Shore Blvd W ▪ 1-416-260-5600 ▪ www.canadian amphitheatre.net

Das frühere Molson Amphitheatre ist wegen der Seelage ein herrlicher Platz für Sommerkonzerte. Unter dem Dach gibt es 8000 Sitzplätze, weitere 8000 auf dem Rasen.

⑤ Toronto Centre for the Arts

Karte A1 ▪ 5040 Yonge St ▪ 1-416-250-3708 ▪ www.tocentre.com

Das Center in North York hat vier Bühnen für Musicals sowie für Sinfonie-, Klassik- und Popkonzerte.

⑥ Roy Thomson Hall

Karte J4 ▪ 60 Simcoe St ▪ 1-416-872-4255 ▪ www.roythomson.com

In dieser ausgeklügelten Konzerthalle sitzt kein Zuschauer weiter als 30 Meter von der Bühne entfernt.

⑦ St. Lawrence Centre for the Arts

Karte L5 ▪ 27 Front St E ▪ 1-416-366-7723 ▪ www.stlc.com

Das Haus präsentiert Theater, Tanz und Musik, aber auch Lesungen und andere Veranstaltungen auf zwei Bühnen: im größeren Bluma Appel Theatre und im Jane Mallet Theatre, wo Rezitationen und Aufführungen der Toronto Operetta Theatre Company stattfinden.

⑧ Young Centre for the Performing Arts

Karte E5 ▪ 50 Tank House Lane ▪ 1-416-866-8666 ▪ www.youngcentre.ca

Die Spielstätte ist auch Heimat der George Brown Theatre School und Bühne für Auftritte regionaler Künstler.

Four Seasons Centre am Abend

⑨ Four Seasons Centre for the Performing Arts

Karte K4 ▪ 145 Queen St W ▪ COC: 1-416-363-8231 ▪ NBC: 1-416-345-9595

Zwei von Kanadas wichtigsten Ensembles teilen sich diese Bühne: die Canadian Opera Company (COC) und das National Ballet of Canada (NBC).

⑩ Massey Hall

Karte L4 ▪ 178 Victoria St ▪ 1-416-872-4255 ▪ www.masseyhall.com

Das altehrwürdige Haus von 1894, mit 2750 Plätzen und außergewöhnlicher Akustik, eignet sich sehr gut für Jazz-, Blues- und Folkkonzerte.

Theater- & Musikensembles

National Ballet of Canada

1 Canadian Opera Company
Karte K4 ▪ www.coc.ca
Kanadas größtes Opernensemble führt pro Saison sieben Produktionen auf.

2 Tarragon Theatre
Karte B2 ▪ www.tarragontheatre.com
Das Programm umfasst neue und innovative Stücke kanadischer Autoren.

3 Tafelmusik
Karte C3 ▪ www.tafelmusik.org
Das Ensemble spielt Barockmusik auf zeitgenössischen Instrumenten.

4 Theatre Passe Muraille
Karte G3 ▪ www.passemuraille.ca
Die bahnbrechende Truppe formte einen neuen kanadischen Stil (*siehe S. 71*).

5 Toronto Mendelssohn Choir
Karte B3 ▪ www.tmchoir.org
Kanadas ältester Chor trat erstmals im Jahr 1895 auf.

6 Toronto Symphony Orchestra
Karte J4 ▪ www.tso.ca
Das Orchester verzaubert das Publikum in der Roy Thomson Hall mit Klassik.

7 Canadian Stage
Karte E5 ▪ www.canadianstage.com
Zum Spielplan gehören Stücke und Musicals aus dem In- und Ausland.

8 National Ballet of Canada
Karte K4 ▪ https://national.ballet.ca
Das gefeierte Ensemble steht für Klassiker, aber auch für neue Produktionen.

9 Toronto Dance Theatre
Karte E3 ▪ www.tdt.org
Was die innovative Tanztruppe macht, ist intelligent und visuell anregend.

10 Soulpepper Theatre Company
Karte E5 ▪ www.soulpepper.ca
Das kanadische Ensemble interpretiert internationale Klassiker.

 Schwul-lesbisches Toronto

① Club 120
Karte L4 ▪ 120 Church St
▪ www.club120.ca

Der gehobene Club in zwei Etagen über einem Restaurant an der Kreuzung Church und Richmond Street bietet u. a. Themennächte für Transfrauen, offene Bühnen für Comedians und einmal im Monat die Nackttanzparty TNT!MEN. An den Wochenenden ist das Publikum gemischt und internationale DJs legen bis spät in die Nacht auf. Die Website informiert über die Veranstaltungen.

② Barbara Hall Park
Karte L1 ▪ 519 Church St

Der Park ist mit seinen Grünflächen und Bänken ein beliebter Treffpunkt. 1993 wurde hier eine Aids-Gedenkstätte errichtet. Auf den Säulen stehen die Namen von Menschen, die der Krankheit zum Opfer fielen. Die Gedenktafel »Universal Remembrance Plaque« ist den vielen namenlosen Aids-Toten gewidmet.

Aids-Gedenkstätte, Barbara Hall Park

③ Woody's
Karte L1 ▪ 467 Church St
▪ 1-416-972-0887

Der Nashornlogo über dem Eingang ist das Markenzeichen der beliebten Kneipe. Billard und Softcorevideos halten die Gäste bei Laune. Gelegentlich finden hier und im benachbarten Sailor Veranstaltungen wie der Best Chest Contest statt.

Neonschild im Glad Day Bookshop

④ Glad Day Bookshop
Karte L1 ▪ 499 Church St
▪ 1-416-961-4161

Kanadas erster Buchladen für Schwule und Lesben wurde 1970 eröffnet. Das ausgezeichnete Sortiment umfasst neben Fachbüchern und Belletristik auch gewagtere Bildbände und Magazine. Versäumen Sie auf keinen Fall die Secondhandabteilung im ersten Stock.

⑤ Crews & Tangos
Karte L1 ▪ 508 Church St
▪ 1-637-349-7469

Hier kann man zu Hip-Hop, R & B, Charthits und zur Musik von DJs aus Toronto und New York die ganze Nacht hindurch Spaß haben. Das Publikum ist gemischt. Jeden Abend steht eine beliebte Dragshow auf dem Programm.

⑥ Church Street
Karte L1

Die Kreuzung Church und Wellesley Street ist das Herzstück von Torontos Homosexuellenviertel und seit Jahrzehnten Heimat einer großen Schwulen- und Lesben-Community. In den vielen ausgezeichneten Bars,

Restaurants und Fachgeschäften tummeln sich Lederjungs, Muskelmänner und Dragqueens. Ein beliebter Treffpunkt ist das 519 Community Centre. Neben umfassenden Informationen zur Szene gibt es hier auch zahlreiche Veranstaltungen.

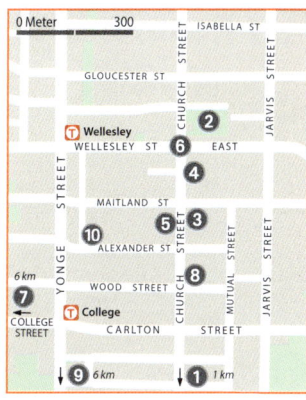

7 The Beaver
Karte A4 ■ **1192 Queen St W** ■ **1-416-537-2768**

Das kleine entspannte Café verwandelt sich ab 23 Uhr in einen lauten DJ-Club für Dancehall-, Hip-Hop-, Grunge- und sogar Country-Fans. Sonntags steht Karaoke auf dem Programm.

8 Hair of the Dog
Karte L2 ■ **425 Church St** ■ **1-416-964-2708**

Hier können Gäste ganz entspannt bodenständige Kneipenküche und Bier vom Fass genießen. Sehr beliebt ist die Terrasse auf der Rückseite mit Blick nach Süden.

9 Hanlan's Point Beach
Karte B6

Der abgelegene Strand der Toronto Islands ist der einzige offizielle Nacktbadestrand der Stadt (warten Sie aber mit dem Ausziehen, bis Sie den markierten Bereich erreicht haben). Seit 1999 hat er seinen Nacktstatus wieder, den er bereits zwischen 1894 und 1930 besaß. Bei starker Wasserverschmutzung werden »No swimming«-Schilder zur Warnung aufgestellt *(siehe S. 19)*.

10 Buddies in Bad Times Theatre
Karte L1 ■ **12 Alexander St** ■ **1-416-975-8555** ■ **www.buddiesinbadtimes.com**

Das außergewöhnliche Theater von 1979 ist die älteste und größte Kulturfabrik der Schwulenszene. Die unkonventionellen Aufführungen überschreiten oft die Grenzen üblicher Produktionen. Samstags ab 22.30 Uhr übernimmt Tallulah's Cabaret das Theater, dann wird zu DJ-Sound wild getanzt. Außerdem stehen häufig aufsehenerregende Aufführungen auf dem Programm. Auf der Website findet man zahlreiche Informationen zu Themenabenden sowie zu Events und Festivals von Tallulah's Cabaret. Dort kann man auch Tickets kaufen.

Buddies in Bad Times Theatre

TOP10 Restaurants

(1) Mildred's Temple Kitchen

Das Restaurant in einem von Backsteinhäusern geprägten Viertel legt Wert auf Zutaten der Saison. Der Big Brunch Skillet am Wochenende bietet Pulled Pork, schwarze Bohnen und Eier sowie Veda's Choice – Eier Benedict auf Croissant. Der Rosmarinschinken wird vor Ort geräuchert *(siehe S. 83)*.

(2) Lady Marmalade

In der Frühstückshochburg Leslieville ist dies einer der besten Orte zum Brunchen. Es gibt u. a. *huevos* nach mexikanischer Art und Eier Benedict in diversen Varianten *(siehe S. 93)*.

Blaubeerpfannkuchen, Aunties & Uncles

(3) Le Sélect Bistro

Das beliebte Bistro mit Korbstühlen unter einer gestreiften Markise und einer schicken Theke aus Zink serviert alle Brunchklassiker. Es gibt aber auch Spezialitäten aus dem Elsass wie *choucroute* und aus Frankreich wie *steak tartare*, *gigot d'agneau* und *confit du canard*. Die Zutaten stammen aus der Region *(siehe S. 73)*.

(4) Chiado

Die frischesten Fischgerichte und Meeresfrüchte der Stadt genießt man in diesem luxuriösen portugiesischen Restaurant. Das ausgezeichnet geschulte Personal kann zu jedem Gericht den passenden Wein empfehlen. In der Weinbar Senhor Antonio im modernen Anbau des Restaurants ist das Tapasmenü zu empfehlen *(siehe S. 99)*.

(5) Aunties & Uncles

Das charmante Lokal befindet sich in einem ehemaligen Friseursalon aus den 1950er Jahren. Hier werden exzellente Suppen, Salate, Omeletts, Sandwiches und frisch gepresste Säfte serviert. Zu fast jedem Gericht gibt es geräucherte Schweinelende und Toast *(siehe S. 83)*.

(6) Lai Wah Heen

Das ausgezeichnete und elegante kantonesische Restaurant im Hotel DoubleTree by Hilton serviert auf zwei Etagen klassische und kreative chinesische Küche. Silberne Halter für Essstäbchen und feines Leinen sorgen für edles Ambiente. An den runden Tischen finden größere Gesellschaften Platz. Es gibt aber auch kleinere Tische. Das sonntägliche *dim sum* ist immer sehr beliebt *(siehe S. 83)*.

Französischer Chic, Le Sélect Bistro

Modernes Ambiente, The Chase

7 **The Chase**

Das Penthouse mit seiner großen Fensterfront im denkmalgeschützten Dineen Building serviert sorgfältig zubereitete Gerichte wie Hummer mit Trüffeln oder Kastanienravioli mit Foie gras. Im Lokal The Chase Fish and Oyster im Erdgeschoss herrscht eine zwanglosere Atmosphäre vor *(siehe S. 72)*.

8 **Canoe**

Hoch oben im 54. Stock des TD Bank Tower befindet sich dieses zauberhafte Lokal. Zur Mittagszeit wird es vorwiegend von Geschäftsleuten aufgesucht, die hier u. a. Lobster Club Sandwiches genießen. Abends ist das Ambiente deutlich romantischer. Die vorwiegend kanadische Küche serviert u. a. Elch und Spanferkel *(siehe S. 73)*.

9 **Noce**

In dem kleinen, gemütlichen Restaurant wird beste italienische Küche geboten. Das aufmerksame Personal serviert hausgemachte Pasta und gegrillte oder gebratene Fleischgerichte. Im Sommer kann man auch im Freien Platz nehmen *(siehe S. 83)*.

10 **Buca**

Die angesagte Keller-Osteria in einem Durchgang neben dem Scholastic-Gebäude bietet italienische Küche, wie man sie selten serviert bekommt, u. a. Schinken vom Bison. Das Lokal folgt der Philosophie, dass Tiere von Kopf bis Fuß verwertet werden *(siehe S. 73)*.

Snacks

1 Chinese Buns
Die mit Fleisch, Gemüse oder einer Paste aus Kokosnuss und roten Bohnen gefüllten Teigtaschen schmecken heiß am besten.

2 Poutine
Die Spezialität stammt aus Québec, besteht aus Pommes frites, Käse und Bratensauce und ist in Toronto mittlerweile an fast jeder Ecke zu haben.

3 Falafel
Frittierte Kichererbsenbällchen werden mit Tomaten, Zwiebeln und *Tahini*-Sauce in Brot gereicht.

4 Bubble Tea
Das asiatische Kaltgetränk besteht aus süßem Tee, Milch und Tapioka-Kügelchen.

5 Gelato
Das italienische Eis ist leichter und erfrischender als amerikanische Eiscreme. Zitrone und Karamell zählen zu den beliebtesten Sorten.

6 Corn on the Cob
Würzige gegrillte Maiskolben gibt es an den Straßenständen von Little India.

7 Hotdogs
Schier unzählige Imbisse verkaufen Hotdogs – auch für Vegetarier – sowie andere Würstchen. Polnische mit Sauerkraut und Senf sind besonders beliebt.

8 Jamaican Roti
Fladenbrot wird mit verschiedensten Zutaten gefüllt: Ziegen- oder Hähnchencurry, Spinat oder Kürbis.

9 Churrasco Chicken
Das gegrillte Hähnchenfleisch mit portugiesischer *Piri-piri*-Sauce isst man auf Brot oder mit Kartoffeln.

10 Heiße Maroni
Im Herbst bieten Straßenhändler die dampfend heißen Esskastanien an.

Chinese Buns

Preiskategorien siehe S. 73

TOP10 Bars & Clubs

Eine Band unterhält die Gäste der Lula Lounge

1 Lula Lounge
Bands und DJs spielen Latin von Salsa bis Merengue. Genießen Sie ein Essen vor der Show oder später ein paar Drinks – oder alles zusammen in einem Tanzstunden-Dinnershow-Paket *(siehe S. 81)*.

2 The Bar at ALO
Die klassische Bar – poliertes Messing und kultiviertes Personal – befindet sich in einem viktorianischen Haus in der 3. Etage. Auf der Speisekarte stehen u. a. Sashimi und Schweinskarree. Die Portionen sind klein, die Drinks (probieren Sie den Armagnac) gehaltvoll *(siehe S. 83)*.

Getränkeauswahl, The Bar at ALO

3 Bar Hop
Noch vor rund zehn Jahren gab es in der Stadt kaum Bars mit vernünftigem Fassbier, mittlerweile surft jedoch auch Toronto auf der Craft-Beer-Welle. Die Bar Hop bietet ihren Gästen 36 verschiedene Biere vom Fass *(siehe S. 72)*.

4 d|bar
In der beliebten Bar im eleganten Yorkville gilt das Motto »Sehen und Gesehenwerden«. Sie befindet sich im Erdgeschoss des Four Seasons Hotel und wird auch gern von Geschäftsleuten besucht. Versierte Barmixer bereiten Cocktails an den Tischen zu *(siehe S. 81)*.

5 Pravda Vodka House
Die Bar in Weiß- und Rottönen lockt mit mehr als 70 der besten Sorten Wodka. Flaggen und Porträts von Lenin und Stalin schmücken die Wände *(siehe S. 92)*.

6 The Fifth Social Club
Wegen des strengen Dresscodes wird Gästen in Jeans der Zutritt zu dem Club meist verwehrt. Das Publikum – überwiegend Mittzwanziger – genießt die Drinks an den vier Bars und vergnügt sich zu R & B und Charthits auf der Tanzfläche *(siehe S. 72)*.

7 Cameron House

Die riesigen Ameisen an der Fassade deuten bereits auf das außergewöhnliche Ambiente hin. Die schlichte Bar bietet aufstrebenden jungen Musikern die Chance, live aufzutreten. Am Wochenende erobern gut gelaunte Country-Fans die Tanzfläche *(siehe S. 81).*

8 The Roof Lounge

Künstler und Kreative suchen hoch oben im Park Hyatt Hotel Erholung vom Alltagsstress. Im Winter locken gemütliche Ledersessel und ein offener Kamin, im Sommer entspannt man bei herrlicher Aussicht auf der Terrasse *(siehe S. 81).*

9 Irish Embassy Pub & Grill

Das gemütliche Pub mit Mahagonitheke und Sitznischen weist noch die marmornen Säulen des ehemaligen Bankgebäudes auf. Es wird Bier vom Fass ausgeschenkt. Die Küche kocht leckere Gerichte *(siehe S. 72).*

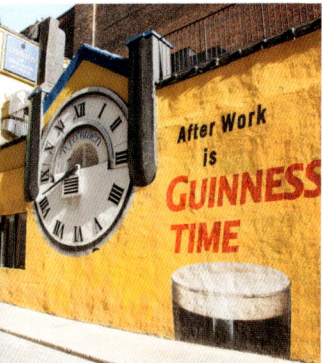

Irish Embassy Pub & Grill

10 Bar at Canoe

Es sind hauptsächlich Geschäftsleute, die in der eleganten Bar in der 54. Etage des TD Bank Tower *(siehe S. 68)* die fantastische Aussicht auf den Lake Ontario sowie die exzellente Auswahl an Weinen, Cocktails und Bieren genießen. An den Wochenenden bleibt die Bar geschlossen *(siehe S. 72).*

Livebühnen

Stimmungsvolles Licht, Adelaide Hall

1 Opera House
Karte F4 ▪ 735 Queen St E
Unter dem Bühnenbogen treten verschiedenste Bands auf. Blues Nights und andere Themenabende sind sehr beliebt.

2 Rivoli
Karte H4 ▪ 334 Queen St W
Mit bekannten Alternative-Rockbands hat sich der Club einen Namen gemacht.

3 Danforth Music Hall
Karte F3 ▪ 147 Danforth Ave
In dem einstigen Kino gibt es einen Balkon und einen Boden, der zur früheren Leinwand hin abfällt.

4 Horseshoe Tavern
Karte H4 ▪ 368 Queen St W
Seit 1947 treten hier die besten Bands aus Toronto auf.

5 Adelaide Hall
Karte J4 ▪ 250 Adelaide St W
In gemütlicher Atmosphäre kann man hier u. a. Indiebands sehen und hören.

6 The Rex Hotel
Karte J3 ▪ 194 Queen St W
In der Hotelbar geben sich Kanadas beste Jazz- und Bluesmusiker die Ehre.

7 Hugh's Room
Karte A4 ▪ 2261 Dundas St W
In dem gemütlichen Club werden verschiedene Musikstile gespielt.

8 Lee's Palace
Karte B3 ▪ 529 Bloor St W
Alternative Rock ist Thema des Clubs.

9 Reservoir Lounge
Karte L4 ▪ 52 Wellington St E
Fans lauschen Swing, Jazz und Jump Blues. Sonntags ist geschlossen.

10 Phoenix Concert Theatre
Karte M1 ▪ 410 Sherbourne St
Rockbands und DJs sorgen abwechselnd für Stimmung.

TOP10 Shopping

① Distillery Historic District

Die Kopfsteinpflastergassen des Viertels führen zu Läden mit Kunst und einzigartigem Kunsthandwerk. Sogar Modeläden findet man hier immer öfter, mit Filialen von Gotstyle und John Fluevog auch die Sterne an Kanadas Modehimmel *(siehe S. 26f)*.

Markthändler, St. Lawrence Market

② St. Lawrence Market

Der Markt zählt bei Gastronomen zu den besten der Welt. Für viele Gourmets ist er der Grund schlechthin, Toronto zu besuchen. Hier gibt es eine riesige Auswahl an Fleisch, Fisch und Käse sowie Obst und Gemüse, aber auch kunsthandwerkliche Produkte. Verkäufer, die lautstark Kostproben anbieten, und Straßenkünstler beleben die Atmosphäre, gelegentliche Feste tun das Übrige. Derzeit entsteht ein neues Nordgebäude. Es soll 2020 fertig sein *(siehe S. 88)*.

③ Bloor Street

Die Bloor Street zwischen Yonge Street und Avenue Road erhält mit Mode- und Designerläden wie Hermès, Chanel, Max Mara und einigen namhaften kanadischen Labels einen immer luxuriöseren Anstrich. Bewundern Sie den Schmuck bei Birks, Schuhe bei David's oder exklusive Mode bei Holt Renfrew und Harry Rosen. Wenn Sie sich für hochwertige Leder- und Sportbekleidung interessieren, gehen Sie zu Roots *(siehe S. 78)*.

④ Kensington Market

Das kunterbunte Einkaufsviertel war früher ein jüdischer Markt, heute dominieren portugiesische, karibische, asiatische und lateinamerikanische Einflüsse, was sich an den zahlreichen Lebensmittelläden zeigt, die Maniok, Maisbrot, Hülsenfrüchte, Käse, Kabeljau und Gewürze anbieten. Es gibt auch Gourmetfleischer und Delikatessen. Folgen Sie den Schwaden aus Räucherwerk und Reggae-Klängen in die Secondhandläden in den viktorianischen Gebäuden an der Kensington Avenue *(siehe S. 75)*.

Viktorianische Häuser, Kensington Market

CF Toronto Eaton Centre

Abschnitt zwischen John Street und Spadina Avenue von internationalen Marken wie Gap und Zara beherrscht. Wer Schuhe mag – hier befindet sich auch der Flagship-Store von Crocs.

⑧ West Queen West

Der westlich der Bathurst Street gelegene Abschnitt der Queen Street West steht für Trendmode, unabhängige Designer, aktuelle Schuhe, schicke Haushaltswaren, einzigartige Boutiquen und jede Menge Cafés. In der Ossington Avenue sind Outlets internationaler Marken wie Fred Perry und Stüssy zu finden *(siehe S. 80)*.

⑨ Leslieville
Karte F4

Liebhaber von Mode, Radiogeräten, Schallplatten und Möbeln aus der Mitte des 20. Jahrhunderts kommen zwischen Logan und Greenwood Avenue auf ihre Kosten. Die meisten Läden befinden sich im Abschnitt zwischen Carlaw und Jones Avenue.

⑩ Yorkville

In dem Nobelviertel decken erlesene Boutiquen und renommierte Kunstgalerien den Bedarf wohlhabender Einkaufsbummler. Der Mix aus unabhängigen Läden ist eine willkommene Abwechslung zu den vielen Luxusshops im Südteil von Yorkville *(siehe S. 79)*.

⑤ CF Toronto Eaton Centre

Die Shoppingmall mit dem Kaufhaus Hudson's Bay am Südende der Queen Street und einer Nordstrom-Filiale am Nordende bietet in ihren vielen Läden für jeden Geschmack und Geldbeutel das Passende *(siehe S. 30f)*.

⑥ Chinatown

Man fühlt sich wie in Hongkong, wenn man entlang der Spadina Avenue und Dundas Street all die exotischen Waren wie getrocknete Shrimps, streng riechende Durian-Früchte und Heilkräuter sowie chinesische Haushaltswaren und verschiedenen Schnickschnack entdeckt *(siehe S. 77)*.

⑦ Queen Street West
Karte G – J4

In den 1980er Jahren waren Künstler wegen der günstigen Mieten noch in die Queen Street zwischen University Avenue und Bathurst Street geströmt. Heute wird der

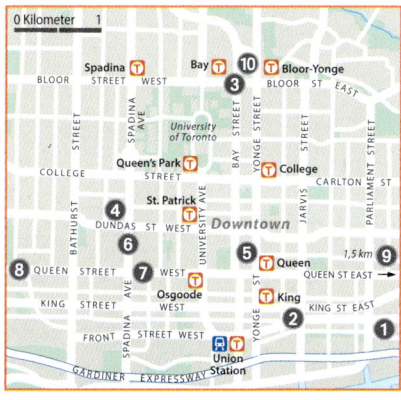

TOP 10 Kostenlose Attraktionen

Thomas Fisher Rare Book Library

① Ungewöhnliche Bibliotheken

Thomas Fisher Rare Book Library: Karte J1; 120 St. George St; 1-416-978-5285 ■ Merril Collection of Science Fiction, Speculation & Fantasy: Karte H2; 239 College St; 1-416-393-7748

Die öffentlich zugängliche Thomas Fisher Rare Book Library gehört zur University of Toronto und besitzt rund 700 000 Bücher. Die faszinierende Merril Collection führt mehr als 70 000 Bücher zu Themen wie Parapsychologie und UFOs.

② Parlamentsgebäude

Führungen: http://discovery portal.ontla.on.ca

Im Ontario Legislative Building, dem Parlamentsgebäude von Ontario, werden diverse Gratisführungen (meist zwischen 8.30 und 16.30 Uhr) angeboten, u. a. zur Geschichte des Parlaments und zur Architektur des historischen Gebäudes *(siehe S. 78)*.

Eislaufen am Nathan Phillips Square

③ Improvisationscomedy

Second City Toronto: Karte J4; 51 Mercer St; 1-416-343-0011; www. secondcity.com

Die Theatergruppe Second City tritt mindestens vier Mal pro Woche nach dem Hauptprogramm (dem Sie nicht beiwohnen müssen) auf. Die Shows dauern etwa 30 bis 45 Minuten. Termine stehen auf der Website.

④ Stadtführungen

Tour Guys: www.tourguys.ca/ toronto ■ Heritage Canada: www. heritagetoronto.org/programs/tours

Der Veranstalter Tour Guys bietet kostenlose Rundgänge zu Themen wie Geschichte, Spezialitäten und Graffiti an. Die Gratistouren von Heritage Canada widmen sich dem architektonischen Erbe von Toronto.

⑤ Eislaufen

Karte K3 ■ www.nathanphillips squareskaterentals.com

Im Winter wird aus dem Reflexionsbecken auf dem Nathan Phillips Square eine beliebte Eislaufbahn. Der Schlittschuhverleih vor Ort verlangt eine kleine Gebühr.

⑥ Konzerte

Canadian Opera Company (COC): www.coc.ca/plan-your-visit/ free-concert-series

Von September bis Juni, meist dienstags und donnerstags, manchmal auch mittwochs, veranstaltet die COC Gratiskonzerte. Kostenlose Freiluftkonzerte gibt es im Sommer.

7 Dreharbeiten

ACTRA Toronto: www.actra toronto.com/whats-shooting

ACTRA listet die wichtigsten Dreharbeiten auf, die aktuell in der Stadt stattfinden. Besucher haben so die Gelegenheit, die Entstehung eines Spielfilms hautnah mitzuerleben.

8 Museen & Galerien

CBC Museum im CBC Broadcasting Centre: Karte J5; 250 Front St W; www.cbc.ca/museum

Viele Museen, darunter das Aga Khan Museum *(siehe S. 96)*, verzichten zu bestimmten Zeiten auf den Eintritt. Das CBC Museum gewährt einen Einblick in die Geschichte des kanadischen Rundfunks und somit auch in die kanadische Kultur.

Galerie im Aga Khan Museum

9 Zuschauer bei einer TV-Show

CBC Broadcasting Centre: Karte J5; 250 Front St W; cbchelp.cbc.ca

Die CBC-Website informiert darüber, wie man kostenlos Zuschauer bei einer TV-Sendung wird. Das entscheidende Kriterium ist, so früh wie möglich zu reservieren.

10 Sommerkino im Freien

City Cinema: Karte L3; Yonge-Dundas Sq; www.ydsquare.ca/ city-cinema.html ▪ Free Flicks: Karte J6; Harbourfront; www.harbourfront centre.com/freeflicks

In Toronto sind immer wieder kostenlos Filme zu sehen. Dienstags werden meist Komödien von City Cinema, mittwochs an der Harbourfront Filme von Free Flicks gezeigt – jeweils nach Sonnenuntergang.

Toronto für wenig Geld

Sommerfestival an der Harbourfront

1 Der Toronto CityPass reduziert den Eintritt für CN Tower, Casa Loma, Royal Ontario Museum, Ripley's Aquarium of Canada und Ontario Science Centre (oder Toronto Zoo). Er kann online oder bei den Sehenswürdigkeiten erworben werden und gilt ab der ersten Nutzung an neun aufeinanderfolgenden Tagen (www.citypass.com/toronto).

2 An der Harbourfront finden im Sommer viele kostenlose Events mit Musik, Spezialitäten oder Tanz statt *(siehe S. 67)*.

3 An allen U-Bahn-Stationen sind Tagespässe erhältlich. Sie gelten bis 5.30 Uhr am darauffolgenden Tag.

4 Manche Parks und Strände bieten Sportanlagen, Grillplätze und Picknicktische (www.toronto.ca/parks).

5 Bei Buchungen über das Internet gewähren viele Hotels Vergünstigungen.

6 Mittagsbüfetts sind beliebt und preiswert. Das Büfett im 309 Dhaba Indian Excellence (309 King St W) bietet für rund 15 $ mehr als 60 Gerichte.

7 Die Board Game Cafés der Stadt, u. a. Snakes & Lattés (600 Bloor St W) und Time Capsule (2183 Danforth Ave), veranstalten Brettspielabende. Die Teilnahme kostet 6 bis 8 $.

8 Tourism Toronto bietet zusammen mit Partnerhotels preiswerte Pauschalangebote für Kurzaufenthalte an (www. seetorontonow.com).

9 Auf den Toronto Islands kann man zum Preis für ein Fährticket einen ganzen Tag lang entspannen *(siehe S. 18f)*.

10 Der Stand von Travellers' Aid (www. travellersaid.ca) in der Union Station bietet Hilfe bei der Suche nach einer Unterkunft.

TOP10 Festivals

Gut besuchtes Musikfestival North By Northeast (NXNE)

 Hot Docs
Ende Apr ■ www.hotdocs.ca

Das Festival widmet sich elf Tage lang dem Dokumentarfilm. An 16 Orten in der Stadt werden rund 200 Filme aus dem In- und Ausland gezeigt.

 Contact
Mai ■ www.scotiabankcontact photo.com

Beim größten Fotografiefestival der Welt zeigen mehr als 1500 Künstler an 175 Orten in der Stadt ihre Werke. Berühmte Namen stehen ebenso auf dem Programm wie Rückblicke auf legendäre Fotografen.

 Luminato
Juni ■ www.luminatofestival. com

Das weltweit beachtete zehntägige Festival der Künste präsentiert Stars der ersten Garde – berühmt wurde u. a. Rufus Wainwrights Kopie eines Konzerts, das Judy Garland 1961 in der Carnegie Hall gab. Für das abwechslungsreiche Musikprogramm sorgen Künstler aus dem In- und Ausland. Zudem gibt es Tanzaufführungen und Gesprächsrunden mit Musikern wie David Byrne, Joni Mitchell und Buffy Sainte-Marie. Viele Veranstaltungen sind gratis, manche sind für Kinder geeignet.

 NXNE
Juni ■ www.nxne.com

Das einst kleine Musikfest North by Northeast (NXNE) hat sich zu einem bedeutenden Kulturevent entwickelt. Zehn Tage lang dreht sich in Downtown alles um Film, Kunst, Vorträge und neue Technologien. Auf dem NXNE kann man immer wieder neue Bands entdecken.

 Pride Week
Ende Juni ■ www.pridetoronto. com

Zehn Tage lang nehmen Lesben, Schwule, Bisexuelle und Transgender das Viertel um Church und Wellesley Street mit Musik, Partys und Aufführungen in Beschlag. Höhepunkte sind der Dyke March, die Trans Parade und die Pride Parade.

Feiernde während der Pride Week

Caribbean Carnival
Juli – Anfang Aug ▪ www.carnival.to

Das dreiwöchige Fest feiert die Kari-bik. Den krönenden Abschluss bildet ein langes Augustwochenende mit einer großen bunten Kostümparade auf dem Lake Shore Boulevard.

 Beaches International Jazz Festival
Ende Juli ▪ www.beachesjazz.com

Das Festival mit überwiegend kana-dischen Musikern, einer Big Band Stage und einer Latino Stage ist kos-tenlos. In der Queen Street East tre-ten mehr als 40 Bands auf. Das Vier-tel platzt dann aus allen Nähten.

SummerWorks
Aug ▪ www.summerworks.ca

Das zehntägige Festival – das lan-desweit größte mit Wettbewerb – ist bekannt für visionäre Produktionen der kanadischen Theaterszene.

Benedict Cumberbatch beim TIFF

 TIFF
Sep ▪ www.tiff.net

Anfang September lockt das Toronto International Film Festival mit über 300 Filmen aus mehr als 60 Ländern Leinwandstars, unabhängige Filme-macher und Kinofans zehn Tage lang in die Stadt.

 Nuit Blanche
Anfang Okt ▪ www.nbto.com

Von Sonnenuntergang bis Sonnen-aufgang kann man an Schauplätzen in ganz Toronto mehr als 100 Ver-anstaltungen zu zeitgenössischer Kunst besuchen.

Tipps für Familien

1 Sugarbush Maple Syrup Festival
März – Apr ▪ www.maplesyrupfest.com
Hier lernt man, wie Ahornsirup entsteht.

2 TIFF Kids
März ▪ www.tiff.net
Das Festival zeigt Modernes und Klassi-ker des Kinderfilms.

3 Dragon Boat Race Festival
Juni ▪ www.dragonboats.com
Beim Bootsrennen um Centre Island tre-ten Mannschaften aus aller Welt gegen-einander an.

4 Redpath Waterfront Festival
Juli ▪ www.towaterfrontfest.com
Schatzsuchen, Flyboard-Wettbewerbe und Hundeprüfungen sorgen für Spaß.

5 Canada Day
1. Juli
Am Nationalfeiertag gibt es kostenlose Konzerte und ein Feuerwerk am Mel Lastman Square.

6 Canadian National Exhibition
Mitte Aug – Labour Day (1. Mo im Sep) ▪ www.theex.com
Highlights sind die Themenpavillons, die Fahrgeschäfte und eine Flugschau.

7 Buskerfest
Sep ▪ www.torontobuskerfest.com
Akrobaten und Musiker nehmen die Yonge Street zwischen Queen und College Street in Beschlag.

8 Word on the Street
Sep ▪ www.thewordonthestreet.ca
Berühmte Literaten geben sich die Ehre.

9 Royal Agricultural Winter Fair
Nov ▪ www.royalfair.org
Bei der Landwirtschaftsmesse gibt es u. a. ein Springreitturnier.

10 Santa Claus Parade
Mitte Nov ▪ www.thesantaclaus parade.ca
Torontos traditionelle Weihnachtsparade wartet mit Festwagen, Marschkapellen und natürlich dem Weihnachtsmann auf.

Dragon Boat Race Festival

Stadtteile

Blick aus der Luft über die Toronto Islands
hinweg auf die Skyline von Toronto

TOP10 Harbourfront & Financial District

Harbourfront & Financial District sind ein Mix aus Alt und Neu. Am Lake Ontario sind noch die Ursprünge der Stadt zu erkennen, die sich aus dem Fort York von 1793 entwickelt hat. Mit dem Wachsen der Stadt York bildete sich rund um Bay Street und King Street das Bankenzentrum. Heute prägen Wolkenkratzer und historische Gebäude, u. a. liebevoll restaurierte Varietés und Theater, das Viertel.

The Audience von Michael Snow aus Toronto, Rogers Centre

1 Top-10-Attraktionen
siehe S. 67 – 69

1 Restaurants
siehe S. 73

1 Dies & Das
siehe S. 70

1 Bars & Clubs
siehe S. 72

1 Theater
siehe S. 71

Konzert im Toronto Music Garden

1 **Toronto Music Garden**
Karte H6 ▪ 475 Queens Quay W
▪ 1-416-973-4000 ▪ www.harbourfront
centre.com/summermusic
Der elegante Garten, eine Zusammenarbeit des Cellisten Yo-Yo Ma

mit der Landschaftsarchitektin Julie Moir Messervy und einigen ihrer Kollegen aus Toronto, ist von Bachs *Cello-Suite Nr. 1* inspiriert. Die Tänze der Suite – Allemande, Courante, Sarabande, Menuett, Gigue und das Präludium – werden durch die sechs Abteilungen des Gartens symbolisiert. Von Juli bis September gibt es Sommerkonzerte.

2 **Rogers Centre**
Karte J5 ▪ 1 Blue Jays Way
▪ 1-416-341-1000
Die Sportarena am CN Tower dient auch für andere Veranstaltungen. Die Heimstätte des Baseballteams Blue Jays und des Footballteams Argonauts war bei der Eröffnung 1989 weltweit das einzige Stadion mit voll beweglichem Dach. Es werden Führungen angeboten. Außen am Gebäude befindet sich Michael Snows Skulptur *The Audience*.

3 **Harbourfront Centre**
Karte K6 ▪ 235 Queens Quay W
▪ 1-416-973-4000 ▪ Mo – Sa 10 – 23 Uhr,
So 10 – 21 Uhr ▪ www.harbourfront
centre.com
Dreh- und Angelpunkt des Komplexes für Freizeit und Kultur ist der Bill Boyle Artport. In den Ateliers kann man u. a. Glasbläsern zusehen, in der Artport Gallery gibt es zeitgenössische Kunst aus Kanada zu entdecken. Der Brigantine Room dient für Lesungen, Workshops und Theater.

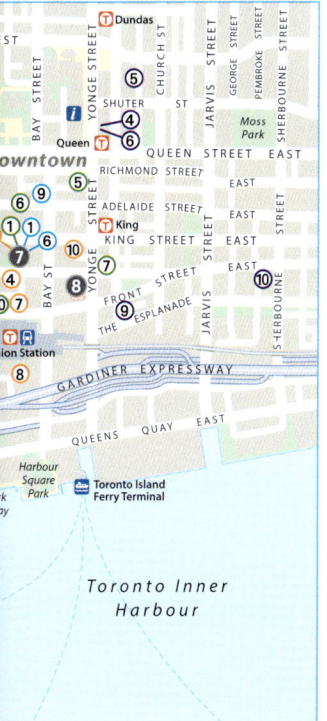

Harbourfront Centre

④ Queen's Quay Terminal
Karte K6 ▪ 207 Queens Quay W
▪ 1-416-203-3269 ▪ tägl. 10–18 Uhr

In dem umgestalteten Gebäude von 1926 befinden sich Wohnungen, Büros und Läden, u. a. zahlreiche Boutiquen. In den Restaurants kann man sehr gut essen, viele verfügen über Terrassen mit schöner Sicht auf den See. Vor dem Gebäude legen die Boote zur Hafenrundfahrt ab.

Wohnkomplex, Queen's Quay Terminal

⑤ Fort York
Karte G5 ▪ 250 Fort York Blvd
▪ 1-416-392-6907 ▪ Anfang Sep–Ende Mai: Mo–Fr 10–16 Uhr, Sa & So 10–17 Uhr; Ende Mai–Anfang Sep: tägl. 10–17 Uhr ▪ bei Sonderveranstaltungen geschl. ▪ Eintritt

Die Festung wurde im Jahr 1793 zum Schutz der wachsenden Siedlung errichtet. Hier fand während des Britisch-Amerikanischen Krieges eine blutige Schlacht statt. Die heutigen Bauten im Fort entstanden nach 1815. Authentisch kostümierte Darsteller vermitteln einen Eindruck vom damaligen Leben.

Feier am Canada Day, Fort York

Britisch-Amerikanischer Krieg

Am 18. Juni 1812 erklärten die USA Großbritannien den Krieg. Viele Monate lang tobten an Orten wie Detroit und Queenston Heights heftige Schlachten. Im April 1813 drangen US-amerikanische Truppen in York – das spätere Toronto – ein, besetzten die Stadt, brannten das Parlamentsgebäude nieder und zerstörten weite Teile von Fort York. Dann zogen sie ab, um auf der Niagara-Halbinsel weiterzukämpfen. Der Britisch-Amerikanische Krieg wurde mit der Unterzeichnung des Friedensvertrags von Gent am 24. Dezember 1814 beendet.

⑥ Toronto Islands
Die Einwohner von Toronto besuchen die autofreien Inseln, um sich zu sonnen oder Rad zu fahren, Kinder lieben den Vergnügungspark. Mit der Fähre erreicht man sie von der Stadt aus in nur zehn Minuten ab Bay Street (siehe S. 18f).

⑦ Toronto-Dominion Centre
Karte K4 ▪ 55 King St W

Der Komplex aus sechs Gebäuden zählt zu den bedeutendsten Bauwerken der Stadt (siehe S. 42). Der TD Bank Tower von 1967 ist das Werk des Deutschen Mies van der Rohe (1886–1969), dessen Motto »Weniger ist mehr« hier perfekt umgesetzt wurde. Im Innenhof symbolisieren sieben von Joe Fafard geschaffene Bronzekühe die Wurzeln der kanadischen Landwirtschaft. Die Shoppingmall im Untergrund ist ebenfalls ein Entwurf von Mies van der Rohe.

⑧ Hockey Hall of Fame

Eishockeyfans lieben das dem Lieblingssport der Kanadier gewidmete Museum. Die Exponate reichen von den Masken berühmter Torhüter bis zu handgearbeiteten Schlittschuhen aus den 1840er Jahren. Simulationen sorgen für Spaß und Unterhaltung. Besucher können sich mit dem Stanley Cup fotografieren lassen *(siehe S. 32f)*.

⑨ Ripley's Aquarium of Canada

Das hochmoderne Aquarium am Fuß des CN Tower beherbergt in 50 Ausstellungen mit insgesamt 5,7 Millionen Litern Wasser rund 16 000 Meerestiere. In der Dangerous Lagoon leben drei Haiarten. Dort gibt es für Besucher auch einen 96 Meter langen Unterwassertunnel *(siehe S. 28f)*.

Unterwassertunnel, Ripley's Aquarium

⑩ CN Tower

Der 553 Meter hohe CN Tower überragt die Stadt. Er ist das unverwechselbare Wahrzeichen Torontos und das höchste Gebäude der westlichen Hemisphäre. Im Erdgeschoss zeigt ein kleines Kino Filme in 3-D. Ein gläserner Außenaufzug befördert Besucher in weniger als einer Minute zur ersten Aussichtsplattform. Ein weiterer Aufzug bringt Sie zum SkyPod, der höchsten Aussichtsplattform. Dort kann es trotz der schwindelerregenden Höhe voll sein. Das sich drehende 360 Restaurant bietet erlesene Gerichte und herrliche Aussicht *(siehe S. 16f)*.

Spaziergang

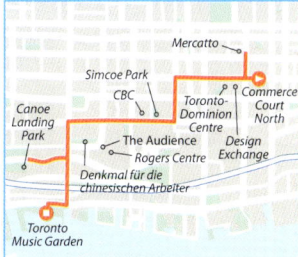

▶ Vormittags

Starten Sie am **Commerce Court North** *(siehe S. 70)*, bewundern Sie das Foyer und gehen die King Street nach Westen über die Bay Street zum **Toronto-Dominion Centre**. Auf dem Rasen hinter 77 King Street West stehen sieben Bronzekühe – die Skulptur *The Pasture (siehe S. 43)* schuf Joe Fafard. Um die Ecke, in 234 Bay Street, steht **Design Exchange** *(siehe S. 70)*. Die Art-déco-Metalltüren der ehemaligen Börse symbolisieren Industrien der 1930er Jahre. Auch in der Bay Street, ein Stück weiter nördlich, serviert **Mercatto** *(siehe S. 73)* italienische Gerichte.

Nachmittags

Am **Simcoe Park**, zwischen Front und Simcoe Street, steht Anish Kapoors Skulptur *Mountain (siehe S. 43)*. In Richtung Westen führt die Front Street, vorbei an der **CBC** *(siehe S. 61)* und am Denkmal des exzentrischen Pianisten Glenn Gould, zum **Rogers Centre** *(siehe S. 67)* mit *The Audience (siehe S. 43)*, Michael Snows Hommage an die Sportfans. An der Spadina Avenue gehen Sie links und über die Brücke. Linker Hand steht Eldon Garnets **Denkmal für die chinesischen Arbeiter**, die an Kanadas Eisenbahn mitbauten. Südlich zweigt rechts von der Spadina Avenue der Fort York Boulevard ab. Er führt zum **Canoe Landing Park**. Von der Spadina Avenue ist es auch nicht mehr weit zum See und zum **Toronto Music Garden** *(siehe S. 67)*.

Siehe Karte S. 66f ←

Dies & Das

Farbenfrohe und unterhaltende Ausstellung des Design Exchange

1 **Design Exchange**
Karte K4 ■ 234 Bay St ■ Mo–Fr
10–17 Uhr, Sa & So 12–17 Uhr
■ Eintritt für Sonderausstellungen
Die Ausstellung zeigt innovatives
kanadisches Nachkriegsdesign.

2 **Toronto Railway
Museum**
Karte J5 ■ 255 Bremner Blvd ■ Mi–So
12–17 Uhr ■ Eintritt
Dieselmotoren, Dampfloks und andere Fahrzeuge werden stolz auf der
Drehscheibe des John Street Round-
house präsentiert. Im Sommer fährt
eine Miniatureisenbahn.

3 **401 Richmond Street**
Karte H4 ■ 401 Richmond St W
Die Kunstgalerien in dem alten
Lagerhaus zählen zu den besten in
ganz Toronto. Geschenke und Lese-
stoff ist bei Swipe Design | Books +
Objects erhältlich.

4 **Toronto-Dominion
Gallery of Inuit Art**
Karte K4 ■ 79 Wellington St W ■ Mo–Fr
8–18 Uhr, Sa & So 10–16 Uhr
Das Museum präsentiert außerge-
wöhnliche Inuit-Kunst (siehe S. 41).

5 **Steam Whistle Brewing**
Karte J5 ■ 255 Bremner Blvd
■ Mo–Do 12–18 Uhr, Fr–So 11–18 Uhr
Die Mikrobrauerei in dem einstigen
Bahnbetriebswerk kann man be-
sichtigen, bevor man sich mit einem
Bier belohnt.

6 **Power Plant
Contemporary
Art Gallery**
Karte K6 ■ 231 Queens Quay W
■ Di–So 10–17 Uhr (Do bis 20 Uhr),
Mo (wenn Feiertag)
Torontos führende Galerie stellt zeit-
genössische Kunst aus (siehe S. 40).

7 **Fairmont Royal York**
Karte K5 ■ 100 Front St W
Das Grandhotel (siehe S. 116) wurde
1928 von der Canadian Pacific Railway erbaut und war einst das größte
im ganzen Commonwealth.

8 **Air Canada Centre**
Karte K5 ■ 40 Bay St
Die Spielstätte des Basketballteams
Raptors und der Eishockeymann-
schaft Maple Leafs befindet sich im
ehemaligen Toronto Postal Delivery
Building.

9 **Exhibition Place**
Karte A5
Auf dem Gelände der Canadian
National Exhibition findet u. a. die
Royal Agricultural Winter Fair (siehe
S. 63) statt.

10 **Commerce Court North**
Karte L4 ■ 25 King St W
Der 34-stöckige, in romanischem
Stil errichtete Bau gehört zu Torontos ältesten Hochhäusern. Das bei
der Fertigstellung 1931 höchste Gebäude Kanadas birgt heute die Canadian Imperial Bank of Commerce.

Theater

① Theatre Passe Muraille
Karte G3 ▪ 16 Ryerson Ave
▪ 1-416-504-7529
Hier sind seit den 1960er Jahren innovative kanadische Produktionen zu sehen *(siehe S. 51)*.

② Princess of Wales Theatre
Karte J4 ▪ 300 King St W ▪ 1-416-872-1212
Die Musicalbühne war bei ihrer Er-öffnung 1993 Torontos erstes großes privat finanziertes Theater seit 1907. Yabu Pushelberg schuf die Innen-ausstattung, Wand- und Decken-gemälde stammen von Frank Stella.

③ Fleck Dance Theatre
Karte K6 ▪ 207 Queens Quay W
▪ 1-416-973-4000
Nationale und internationale Stars des modernen Tanzes geben in dem Theater Gastauftritte.

④ Elgin Theatre
Karte L3 ▪ 189 Yonge St ▪ 1-855-622-2787 (Tickets), 1-416-314-2871 (Führungen)
Der untere Teil des Doppeltheaters (das Winter Garden Theatre liegt oben) wurde 1913 als Lichtspielhaus eröffnet. Goldverzierungen und der prächtige Bühnenbogen machen es zum Juwel *(siehe S. 50)*.

⑤ Ed Mirvish Theatre
Karte L3 ▪ 244 Victoria St
▪ 1-416-872-1212
Große Musicals standen hier schon auf dem Programm. Lüster, gold-gerahmte Spiegel und Treppe stam-men aus den 1920er Jahren.

⑥ Winter Garden Theatre
Karte L3 ▪ 189 Yonge St ▪ 1-855-622-2787 (Tickets), 1-416-314-2871 (Führungen)
An der Theaterdecke glitzern rund 5000 Buchenblätter im Schein der Laternen *(siehe S. 50)*.

⑦ Royal Alexandra Theatre
Karte J4 ▪ 260 King St W
▪ 1-416-872-1212
Das Haus stand bereits kurz vor dem Abriss, erhielt dann aber seine edwardianische Pracht zurück.

Bühne im Royal Alexandra Theatre

⑧ Factory Theatre
Karte G4 ▪ 125 Bathurst St
▪ 1-416-504-9971
Eines der ältesten Theater der Stadt bringt Werke kanadischer Autoren.

⑨ Bluma Appel Theatre
Die Canadian Stage *(siehe S. 51)* nutzt die Bühne für ihre zeit-genössischen Produktionen.

⑩ Young People's Theatre
Karte M4 ▪ 165 Front St E
▪ 1-416-862-2222 ▪ www.youngpeoplestheatre.ca
Das Theater wurde für seine innovativen Jugend-stücke ausgezeichnet *(siehe S. 48)*.

Ed Mirvish Theatre

Siehe Karte S. 66f

Bars & Clubs

(1) Bar at Canoe
Karte K4 ▪ 66 Wellington St W
▪ 1-416-364-0054 ▪ Sa & So geschl.
In dieser Bar trifft man sich gern nach der Arbeit, um beim Blick auf die Dächer der Stadt an einem Martini zu nippen *(siehe S. 57)*.

(2) The Fifth Social Club
Karte J4 ▪ 225 Richmond St W
(Zugang über Passage) ▪ 1-416-979-3000 ▪ Do – Sa ▪ Eintritt
Der beliebte Club über zwei Ebenen bietet Liveshows und monatliche Themenpartys. Gespielt werden R & B und Charthits *(siehe S. 56)*.

(3) Brassaii
Karte H4 ▪ 461 King St W
▪ 1-416-598-4730
Hier kann man kultiviert den Abend verbringen, schön essen und mittwoch- und samstagabends tanzen *(siehe S. 73)*.

(4) Bar Hop
Karte H4 ▪ 391 King St W
▪ 1-647-352-7476
Wer Bier vom Fass genießen möchte, hat hier eine grandiose Auswahl aus 36 Sorten.

(5) The Chase
Karte L4 ▪ 10 Temperance St
▪ 1-647-346-7000
Nehmen Sie den Lift in die 5. Etage dieses Hauses unter Denkmalschutz und erfreuen Sie sich am Service und am erlesenen Ambiente.

(6) Cactus Club
Karte K4 ▪ First Canadian Place, 77 Adelaide St W ▪ 1-647-748-2025
Die Drinks sind kreativ, u. a. hat man hier eine ganz eigene Art, einen Martini zu mixen. Der Club stellt auch zeitgenössische Kunst aus.

(7) Irish Embassy Pub & Grill
Karte L5 ▪ 49 Yonge St ▪ 1-416-866-8282
Genießen Sie einen Drink an der Mahagonitheke oder etwas zu essen an einem der urigen Tische *(siehe S. 57)*.

(8) Wheat Sheaf Tavern
Karte G4 ▪ 667 King St W
▪ 1-416-504-9912
Die Taverne von 1849 ist die älteste Torontos. Genießen Sie Ihr Bier zu Chicken Wings und Sport im TV.

(9) Maison Mercer
Karte J4 ▪ 15 Mercer St ▪ 1-416-341-7777
Der Club beschäftigt namhafte DJs. Im Sommer öffnet die Dachterrasse.

(10) Library Bar
Karte K5 ▪ 100 Front St W
▪ 1-416-860-5004
Ledersessel und Bücherregale verleihen der Bar im Hotel Fairmont Royal York *(siehe S. 70)* das Flair eines Gentlemen-Clubs. Die Cocktails sind spitze.

Langer Tresen des The Chase

Restaurants

1 Canoe
Karte K4 ■ 66 Wellington St W
■ 1-416-364-0054 ■ Sa & So geschl.
■ $$$

Zu exquisiten kanadischen Gerichte gibt es die herrliche Aussicht aus der 54. Etage *(siehe S. 55)*.

Hocker um einen Tisch im Marben

Preiskategorien
Preis für ein Drei-Gänge-Menü pro Person mit einer halben Flasche Hauswein, inkl. Steuern und Service.

$ unter 50 $ $$ 50–120 $ $$$ über 120 $

6 Bymark
Karte K4 ■ 66 Wellington St W
■ 1-416-777-1144 ■ $$

Fischgerichte, die außergewöhnliche Foie gras und die erlesene Auswahl an kalifornischen Weinen locken Gäste mit Geld an.

7 Jacob's & Co
Karte H4 ■ 12 Brant St ■ 1-416-366-0200 ■ $$$

Trocken am Knochen gereifte Steaks werden perfekt zubereitet serviert.

8 Buca
Karte G4 ■ 604 King St W
■ 1-416-865-1600 ■ $$

Italienische Klassiker erhalten einen modernen Touch.

9 Mercatto
Karte K4 ■ 330 Bay St ■ 1-416-306-0467 ■ Sa mittags & So geschl.
■ $$

Das bodenständige Lokal ist wochentags bei Einheimischen sehr beliebt. Die Weine sind exzellent.

2 Marben
Karte H4 ■ 488 Wellington St W
■ 1-416-979-1990 ■ $$

Sowohl die vegetarischen als auch die Fleischgerichte der kreativen Küche sind köstlich.

3 Rodney's Oyster House
Karte H4 ■ 469 King St W
■ 1-416-363-8105 ■ $$

Auf der Karte stehen Fisch vom Grill und rund 20 Austerngerichte.

4 Luckee
Karte J4 ■ 328 Wellington St W
■ 1-416-935-0400 ■ $$

Torontos Starkoch Susur Lee ist ein wahrer *Dim-sum*-Künstler.

5 Le Sélect Bistro
Karte H4 ■ 432 Wellington St W
■ 1-416-596-6405 ■ $$

Das sehr beliebte französische Restaurant mit runden Sitznischen serviert gute Weine.

Seafood-Teller, Mercatto

10 Brassaii
Karte H4 ■ 461 King St W
■ 1-416-598-4730 ■ $$

Das moderne Restaurant in einem ehemaligen Lagerhaus besitzt einen romantischen Innenhof. Küchenchef Marcus Monteiro kocht mediterran und lecker.

Siehe Karte S. 66f →

TOP 10 Downtown

Torontos Downtown besteht aus Vierteln mit eigener Identität – nirgendwo in Nordamerika ist die ethnische Vielfalt größer. In Chinatown sind die Straßen von Restaurants und Läden gesäumt und Händler preisen lautstark ihre Waren an. Das multikulturelle Flair ist am deutlichsten auf dem Kensington Market zu spüren, wo Jamaikaner und Portugiesen typische Snacks anbieten. Westlich davon, rund um die College Street, liegt Little Italy. Zur Downtown gehören auch Yorkvilles elegante Shoppingmeilen und Kulturorte.

Holzschnitzerei,
Art Gallery of
Ontario

① Top-10-Attraktionen
siehe S. 75 – 77

① Restaurants
& Cafés
siehe S. 83

① Dies & Das
siehe S. 78

① Bars & Pubs
siehe S. 81

① Shopping in
West Queen West
siehe S. 80

① Shopping in Bloor
Street & Yorkville
siehe S. 79

① Ethnolokale
siehe S. 82

1 CF Toronto Eaton Centre

Torontos Shoppingmall der Superlative gehört zu den Hauptsehenswürdigkeiten der Stadt und ist auch bei den Einheimischen ein beliebter Treffpunkt für Jung und Alt. Bei rund 230 Läden ist die Wahrscheinlichkeit sehr hoch, dass hier jeder genau das findet, was er sucht. Im CF Toronto Eaton Centre kann man jedoch nicht bloß einkaufen, es macht auch Spaß, die Leute zu beobachten. Für das leibliche Wohl sorgen zahlreiche Restaurants, Imbissbuden und Delikatessenstände *(siehe S. 30f)*.

2 Art Gallery of Ontario

Das Museum gehört zu den bedeutendsten des Landes. Es präsentiert vorwiegend historische und zeitgenössische Kunstwerke kanadischer Herkunft *(siehe S. 20f)*.

Royal Ontario Museum

3 Royal Ontario Museum

Kanadas größtes Museum besitzt über sechs Millionen Exponate zu Kunst, Archäologie, Wissenschaft und Natur *(siehe S. 12–15)*.

4 Kensington Market
Karte H2

Westlich der Spadina Avenue schlägt Torontos multikulturelles Herz. Hier trifft man auf Händler und Läden aus aller Welt. Auf den Gehsteigen werden Obst, Gemüse oder Kurzwaren verkauft, während aus offenen Türen und Lautsprechern Musik tönt. Fußgänger drängeln mit Radfahrern um die Wette und es geht nur sehr langsam voran – vor allem samstags. Lassen Sie das Auto stehen, Kensingtons Atmosphäre lässt sich nur zu Fuß genießen. In der Baldwin Street können Sie Spezialitäten aus Jamaika probieren. Retromode gibt es bei Exile (62 Kensington Ave), aktuelle Mode bei Fresh Collective (274 Augusta Ave).

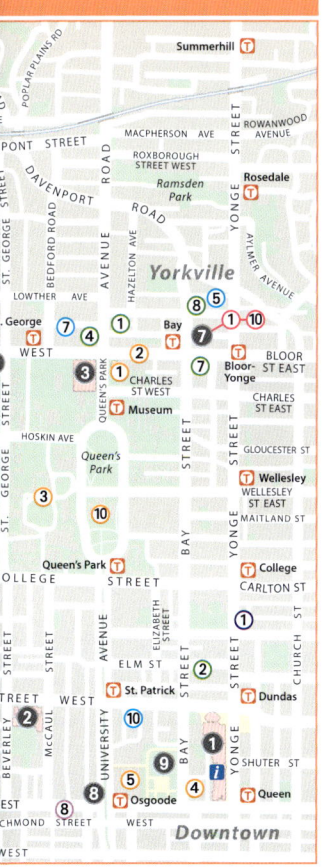

Wie ein Schloss aus dem Mittelalter thront die Casa Loma über Downtown

⑤ Casa Loma

Das schlossähnliche Herrenhaus wurde nach den Vorstellungen des Industriellen und Finanziers Sir Henry Pellatt gebaut. Er betraute 1911 den namhaften Architekten E. J. Lennox mit der Umsetzung seiner Vision. Ein privates Bauvorhaben solchen Ausmaßes – 98 Zimmer, zwölf Bäder, elektrisches Licht und ein elektrischer Fahrstuhl – war damals in Kanada einzigartig. Die Kosten von etwa 3,5 Millionen Kanadischen Dollar führten letztlich zu Sir Henrys Bankrott. Später musste er sich von seinem Traumhaus trennen *(siehe S. 24f).*

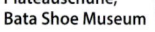

Plateauschuhe, Bata Shoe Museum

⑥ Bata Shoe Museum

Karte C3 ▪ 327 Bloor St W ▪ 1-416-979-7799 ▪ Mo – Sa 10 – 17 Uhr (Do bis 20 Uhr), So 12 – 17 Uhr ▪ Eintritt ▪ www.batashoemuseum.ca

Das von Sonia Bata gegründete Spezialmuseum widmet sich der Fußbekleidung in ihrer gesamten Vielfalt. In den vier Abteilungen des wie ein Schuhkarton gestalteten Hauses stehen u. a. römische Sandalen, aber auch Elton Johns Plateauschuhe. Die Ausstellung über chinesische Fußbinden ist nichts für sensible Gemüter. Es gibt regelmäßig Sonderausstellungen *(siehe S. 40).*

Natürliche Klimaanlage

In schwülheißen Sommern dient das Wasser des Lake Ontario den Einwohnern von Toronto – neben dem Badespaß – in zweifacher Weise. Aus über 80 Metern Tiefe wird eiskaltes Wasser aus dem See gepumpt und als Kühlmittel für die Klimaanlagen der großen Gebäude und Einrichtungen in Downtown, etwa des Air Canada Centre *(siehe S. 70)*, genutzt. Das entnommene Wasser wird anschließend nicht wieder in den See zurückgepumpt, sondern dem Wasserversorgungssystem der Stadt zugeführt und als Trink- oder Brauchwasser verwendet.

⑦ Yorkville

Karte C – D3

Was in den 1960er Jahren als das Zentrum von Torontos Hippiebewegung und Jugendkultur galt, ist heute das vornehmste Viertel der Stadt mit exklusiven Läden. Die Boutiquen der Cumberland Street und der Yorkville Avenue, zwischen Bay Street und Avenue Road, bieten Kosmetik, Schmuck, Designermode, Antiquitäten und Lederwaren. Die kultivierten Restaurants und Bars sind nicht gerade preiswert. Auch mehrere Kunstgalerien haben sich in Yorkville niedergelassen.

Campbell House
Karte K3 ■ 160 Queen St W
■ 1-416-597-0227 ■ Mo – Fr 9.30 –
16.30 Uhr, Sa & So 12 –16.30 Uhr;
24. Dez –1. Jan, Karfreitag – Oster-
montag, 1. Juli & Thanksgiving-
Wochenende geschl. ■ Eintritt

Das älteste noch stehende Gebäude
Torontos entstand 1822 für William
Campbell, einen Richter in Upper
Canada. Das georgianische Haus
wurde 1972 in der Adelaide Street
demontiert, an seinem neuen Standort wieder aufgebaut und der Öffentlichkeit zugänglich gemacht.

⑨ **City Hall**
Karte K3 ■ 100 Queen St

Bei der Eröffnung 1965 löste das ge-
wagte Werk des finnischen Architekten Viljo Revell reichlich Kontrover-
sen aus. Die beiden bogenförmigen
Türme riefen einen Sturm der Ent-
rüstung hervor. Heute ist das Gebäude eines der Wahrzeichen der Stadt.
Sein Standort, der Nathan Phillips
Square, stellt den Mittelpunkt des
sozialen und gesellschaftlichen
Stadtlebens dar: Hier wird demonstriert, im Sommer gibt es Märkte,
Konzerte und Feiern, im Winter trifft
man sich zum Eislaufen (siehe S. 43).

⑩ **Chinatown**
Karte H2 – 3

Der stetige Zuzug von chinesischen
Einwanderern macht Torontos
Chinatown zu einer der dynamischs-
ten in Nordamerika. Es gibt Hunderte Restaurants und unzählige Läden
mit asiatischen Waren (siehe S. 59).

Straße in Chinatown

Spaziergang

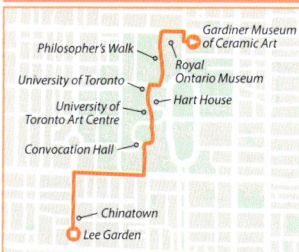

Gardiner Museum of Ceramic Art
Philosopher's Walk
University of Toronto
Royal Ontario Museum
Hart House
University of Toronto Art Centre
Convocation Hall

Chinatown
Lee Garden

▶ **Vormittags**

Beginnen Sie den Tag mit einem
Besuch im **Gardiner Museum of
Ceramic Art** (siehe S. 78), um die
dortige Sammlung und die Wech-
selausstellung zu bewundern.
Auch der Museumsladen ist einen
Blick wert.

Nördlich liegt die Bloor Street, die
Sie nach links einen halben Block
weit gehen. Neben dem **Royal
Ontario Museum** (siehe S. 12 –15)
führt ein Eisentor zum hübschen
Philosopher's Walk, dem Sie bis
zur Hoskin Avenue folgen. Hier
befinden Sie sich mitten auf dem
Campus der **University of Toronto**
(siehe S. 78). In südlicher Richtung
geht es zum neugotischen **Hart
House**, wo Sie im Gallery Grill
(7 Hart House Circle) zu Mittag
essen können.

Nachmittags

Schlendern Sie nach dem Essen
durch die öffentlichen Räume
und die Bibliothek des Hauses.
Es gibt hier schöne Gemälde. Die
Justina M. Barnicke Gallery stellt
kanadische Kunst aus.

Vom Hart House aus geht es
rechts zum University College
und zu einigen imposanten historischen Gebäuden des Campus.
Am Laidlaw Wing lädt das **University of Toronto Art Centre** (siehe
S. 41) zum Besuch ein. Im Süden
liegt der King's College Circle mit
der **Convocation Hall**. Vielleicht
ist sie geöffnet.

Jetzt geht es nach **Chinatown**.
Im **Lee Garden** (siehe S. 82) in der
Spadina Avenue können Sie sich
mit einem Festessen verwöhnen.

Siehe Karte S. 74f ←

Dies & Das

① Gardiner Museum of Ceramic Art

Karte C3 ▪ 111 Queen's Park ▪ 1-416-586-8080 ▪ Mo–Do 10–18 Uhr, Fr 10–21 Uhr, Sa & So 10–17 Uhr ▪ Eintritt

Das Haus präsentiert historische und moderne Stücke aus aller Welt (siehe S. 40).

② Bloor Street

Karte C–D3

Die Shoppingmeile säumen noble Läden für Mode und Wohndesign (siehe S. 58).

③ University of Toronto

Karte H–J1

Der weitläufige Universitätscampus erstreckt sich mit seinen Grünflächen und historischen Gebäuden nördlich, östlich und westlich des Queen's Park (siehe S. 42).

④ Old City Hall

Karte K3 ▪ 60 Queen St W

Karikaturen lokaler Politiker zieren die Säulen am Eingang – eine jedoch zeigt den Architekten dieses Hauses, das nun als Gerichtsgebäude dient (siehe S. 43).

⑤ Osgoode Hall

Karte K3 ▪ 130 Queen St W ▪ 1-416-947-3300 ▪ Aug–Ende Juni: Mo–Fr 11.45–14 Uhr

Ontarios älteste Rechtsakademie beheimatet das oberste Provinzgericht und ist prächtig ausgestattet.

⑥ Spadina Museum

Karte C2 ▪ 285 Spadina Rd ▪ Jan–Mitte Apr: Sa, So 12–17 Uhr; Mitte Apr–Aug: Di–So 12–17 Uhr; Sep–Dez: Di–Fr 12–16 Uhr (Sa & So bis 17 Uhr) ▪ Eintritt

Das restaurierte Haus von 1866 kann man nur mit Führung besichtigen.

Erhaltenes Zimmer, Spadina Museum

⑦ West Queen West

Karte A–B4

Hier gibt es viele Läden, tolle Galerien und nette Cafés (siehe S. 80).

⑧ The Annex

Karte C2–3

Begrünte Seitenstraßen mit lebhaften Restaurants und Pubs sowie die Läden an der Bloor Street laden zum Bummeln ein.

⑨ Little Italy

Karte B3–4

Am Tag ist es in den Läden hektisch, abends in den Restaurants und Bars.

⑩ Ontario Legislative Building

Karte K1 ▪ 1 Queen's Park ▪ Mitte Mai–Aug: tägl. 8.30–17.30 Uhr; Sep–Mitte Mai: Mo–Fr 8.30–16.30 Uhr

Das Parlamentsgebäude liegt malerisch in einem Park mit Statuen und Kanonen. Besucher können bei Sitzungen zuhören oder an Führungen teilnehmen (siehe S. 60).

Blühende Bäume vor der Osgoode Hall

Shopping in Bloor Street & Yorkville

① **TNT (The New Trend)**
Karte D3 ◼ 87 Avenue Rd

Der stylishe Shop für Designermode befindet sich in der Shoppingmall Yorkville Village. Gleich nebenan belegt TNT Concept einen weiteren, 6000 Quadratmeter großen Laden.

② **Holt Renfrew**
Karte D3 ◼ 50 Bloor St W

Das Kaufhaus der Sonderklasse bietet alles, was das Herz begehrt: Designermode, Parfum und Kosmetikartikel, Delikatessen, ein Café und sogar ein Nagelstudio sowie einen Friseursalon.

③ **George C**
Karte C2 ◼ 21 Hazleton Ave

Der Laden für exklusive Damen- und Herrenmode befindet sich in einem umgebauten viktorianischen Haus. Zu den erlesenen und fast schon ehrfürchtig präsentierten Stücken gehören u. a. Stiefel von Rocco P und Ledermode von Drome.

④ **Harry Rosen**
Karte C3 ◼ 82 Bloor St W

Bei diesem feinen Herrenausstatter können Sie sich von Kopf bis Fuß mit Marken wie Canali und Hugo Boss neu einkleiden. Es gibt alles – von Anzügen, Hosen und Hemden bis hin zu Schuhen und Accessoires.

⑤ **David's**
Karte D3
◼ 66 Bloor St W

Freunde ausgefallener Fußbekleidung können in diesem Designerschuhladen leicht in einen Kaufrausch verfallen.

⑥ **Pusateri's**
Karte D3 ◼ 57 Yorkville Ave

Für Feinschmecker ist dieser Delikatessenladen ein Muss. Das Angebot umfasst Kaviar, Trüffelöl und andere Spezialitäten.

Modeartikel bei Roots

⑦ **Roots**
Karte C3 ◼ 80 Bloor St W

Die kanadische Marke ist bekannt für hochwertige Sport- und Freizeitbekleidung sowie Lederwaren für Jung und Alt.

⑧ **L'Atelier Grigorian**
Karte D3 ◼ 70 Yorkville Ave

Der führende Laden für Jazz, Klassik und Weltmusik ist seit den 1980er Jahren Anlaufstelle für Torontos Musikbegeisterte.

⑨ **Liss Gallery**
Karte C3
◼ 112 Cumberland St

Bei den meist aufsehenerregenden Ausstellungen mit zeitgenössischer Malerei, Fotografie und Bildhauerei ist häufig auch der jeweilige Künstler anwesend.

Shortbread-Korb von Pusateri's

⑩ **Thomas Hinds Tobacconists**
Karte D3 ◼ 8 Cumberland St

Das Raucherparadies bietet in einem begehbaren Humidor eine riesige Zigarrenauswahl aus Kuba und Lateinamerika. In zwei Salons kann man die Ware testen.

Siehe Karte S. 74f

Shopping in West Queen West

(1) C Squared
Karte G4 ▪ 693 Queen St W
(westl. der Bathurst St)
Schuhe der Marken Camper und
Marc sowie handgemachte Cydwoq-
Modelle werden so manchen Schuh-
liebhaber glücklich machen.

(2) Morba
Karte G4
▪ 665 Queen St W
(westl. der Bathurst St)
Der Laden für Möbel,
Lampen und Wohn-
accessoires verkauft
auch allerlei Schickes
und Nützliches im
Retro-Look der 1950er
Jahre für die Küche und
fürs Büro.

*Gebrauchte Schreib-
maschine, Morba*

(3) Anthropologie
Karte B4 ▪ 761 Queen St W
Der Laden verkauft Mode, Schuhe,
Accessoires und Wohndekor in einer
wunderschön umgestalteten frühe-
ren Kirche mit Buntglasfenstern.

(4) Heel Boy
Karte B4 ▪ 773 Queen St W
In der Boutique für Damen und
Herren kostet das Paar Schuhe
zwischen 100 und etwas über
400 Dollar. Auswahl und Qualität
sind hervorragend. Das Sortiment
bietet alles – von Sandalen über
Espadrilles bis zu Schnürstiefeln.

(5) Drake General Store
Karte A4 ▪ 1144 Queen St W
(Ecke Beaconsfield Ave)
Der zum Drake Hotel gehörende
Shop verkauft kanadische Souvenirs.
Weitere Filialen gibt es in der Yonge
Street, der King Street West und der
Bloor Street East.

(6) Type Books
Karte B4 ▪ 883 Queen St W
(gegenüber Trinity Bellwoods Park)
Der gemütliche Laden ist eine wahre
Fundgrube für Romane, Design- und
Kinderbücher.

(7) The Paper Place
Karte B4 ▪ 887 Queen St W
Der japanisch anmutende Laden
führt Chiyogami-Buntpapier sowie
Glückwunschkarten, Geschenkbän-
der und Geschenkpapier.

(8) Fred Perry
Karte A4
▪ 964 Queen St W
Der Lorbeerkranz,
Markenzeichen der
Designerkette, prangt
u. a. auf Jacken, Schu-
hen und Sporttaschen
aus Leder.

**(9) Lavish
& Squalor**
Karte J4 ▪ 253 Queen St W
Der hippe Shop mit Café
verkauft u. a. Jeansbekleidung und
Wohnaccessoires wie die bekannten
Kerzen aus Sojawachs in bernstein-
farbenen Gläsern.

(10) Coal Miner's Daughter
Karte B4 ▪ 744 Queen St W
(Ecke Niagara St)
Die unabhängige Damenboutique
setzt auf alternative Designs und
Handarbeit. Schmuck und Vintage-
Schuhe kommen u. a. aus Schweden.

Sommerkleid bei Coal Miner's Daughter

Bars & Pubs

Stylisher Gastropub The Oxley

① The Oxley
Karte C3 ▪ 121 Yorkville Ave
▪ 1-647-348-1300

In einer Gegend voller Weinbars ist das gemütliche Gastropub mit bodenständiger Küche und großer Bierauswahl eine Abwechslung.

② The Queen and Beaver
Karte L2 ▪ 35 Elm St ▪ 1-647-347-2712

Stilton-Eis ist einer der unkonventionellen Wege der Kneipe, um wie ein typisch englisches Pub zu wirken.

③ Dog and Bear
Karte A4 ▪ 1100 Queen St W
▪ 1-647-352-8601

Auf den vielen Bildschirmen des mit britischen Flaggen geschmückten Pubs läuft Sport. An den Wochenenden legen DJs auf.

④ The Roof Lounge
Karte C2 ▪ 4 Avenue Rd ▪ 1-416-924-5471

Ein Highlight der gemütlichen Bar ist die Aussicht von der Terrasse im 18. Stock *(siehe S. 57)*.

⑤ Lula Lounge
Karte A4 ▪ 1585 Dundas St W
▪ 1-416-588-0307 ▪ Eintritt

Salsa-Rhythmen und Cocktails gehen in diesem Hotspot in Little Portugal ins Blut *(siehe S. 56)*.

⑥ Cameron House
Karte H3 ▪ 408 Queen St W
▪ 1-416-703-0811 ▪ Eintritt (bei Konzerten)

Folk- und Indiebands aus der Region treten in der zwanglosen Bar vor Einheimischen auf. Die wechselnden Wandbilder auf der Fassade sind ein Hingucker *(siehe S. 57)*.

⑦ 180 Panorama
Karte D3 ▪ 55 Bloor St W
▪ 1-416-967-0000 ▪ Eintritt

In der 51. Etage des Manulife Centre befindet sich die höchstgelegene Bar-Terrasse der Stadt.

⑧ d|bar
Karte D3 ▪ 60 Yorkville Ave
▪ 1-416-963-6010

Genießen Sie in der eleganten Bar einen Cocktail oder ein Glas Chardonnay *(siehe S. 56)*.

Blick in The Drake Lounge

⑨ The Drake Lounge
Karte A4 ▪ 1150 Queen St W
▪ 1-416-531-5042

Machen Sie es sich auf einem Sofa am Kamin gemütlich und sehen Sie dem Treiben an der Bar zu. Im eine Etage tiefer gelegenen Underground gibt es oft Livemusik und Kunstveranstaltungen.

⑩ The Paddock
Karte G4 ▪ 178 Bathurst St
▪ 1-416-504-9997

Der Look, vor allem wegen der rot gepolsterten Bänke und Barhocker, erinnert an die 1950er Jahre.

Siehe Karte S. 74f

Ethnolokale

① Bahn Mi Boys
Karte L2 ▪ 399 Yonge St ▪ 1-416-977-0303 ▪ $

Vietnamesisches *Bánh-mì*-Baguette wird mit gegrilltem Schweinefleisch, Wurst oder Pastete gefüllt und z. B. zu Tintenfisch serviert. Zu empfehlen ist auch das frittierte Kimchi.

② Boulevard Café
Karte C3 ▪ 161 Harbord St ▪ 1-416-961-7676 ▪ $

Das älteste peruanische Restaurant der Stadt serviert Grillgerichte und Seafood. Tapas gibt es in der Lounge eine Etage höher und auf der Sommerterrasse.

③ Lee Garden
Karte H2 ▪ 331 Spadina Ave ▪ 1-416-593-9524 ▪ mittags geschl. ▪ $$

Das kantonesische Lokal bietet schmackhaftes *chow mein*, Grillfleisch und frisches Seafood.

④ Banjara Indian Cuisine
Karte B3 ▪ 796 Bloor St W ▪ 1-416-963-9360 ▪ $$

Die indische Küche, im Gegensatz zur Einrichtung, ist exquisit.

Authentisches Flair, Julie's Cuban

⑤ Julie's Cuban
Karte A4 ▪ 202 Dovercourt Rd ▪ 1-416-532-7397 ▪ $$

Karierte Tischdecken, herzliche Gastfreundschaft und gutes Essen zeichnen das kubanische Juwel aus.

Italienische Gerichte, Café Diplomatico

⑥ Café Diplomatico
Karte B3 ▪ 594 College St ▪ 1-416-534-4637 ▪ $

Das alteingesessene Lokal in Little Italy serviert Panzerotti, Pizza und Pasta. Auf der Terrasse kann man herrlich Leute beobachten.

⑦ Korea House
Karte B3 ▪ 666 Bloor St W ▪ 1-416-536-8666 ▪ $

Das Restaurant in Familienbesitz kocht traditionell koreanisch. Probieren Sie Reiswein oder hochprozentigen aromatisierten *soju*.

⑧ El Trompo
Karte H2 ▪ 277 Augusta Ave ▪ 1-416-260-0097 ▪ $

In dem mexikanischen Lokal mitten in Kensington Market herrscht stets gute Stimmung. Mit Glück ergattert man einen Platz auf der Terrasse.

⑨ Sashimi Island
Karte B3 ▪ 635 College St ▪ 1-416-535-1888 ▪ $

Eines der vielen All-you-can-eat-Sushi-Lokale: Hier arbeiten nicht die besten japanischen Köche, doch das Maki-Sushi ist sehr gut.

⑩ Churrasqueira do Sardinha
Karte B3 ▪ 707 College St ▪ 1-416-531-1120 ▪ $

Das portugiesische Grillhähnchen ist ein Klassiker, die würzigen Rippchen sind ebenfalls gut. Die Gerichte gibt es auch zum Mitnehmen.

➜ Siehe Karte S. 74f

Restaurants & Cafés

1 **Aunties & Uncles**
Karte B3 ▪ 74 Lippincott St
▪ 1-416-324-1375 ▪ $

Der Diner im Retro-Stil serviert Grillkäse, Zimttoast und andere Klassiker der kanadischen Wohlfühlküche.

2 **Fresh**
Karte C4 ▪ 326 Bloor St W
▪ 1-416-599-4442 ▪ $

Vegetarier finden hier eine große Auswahl an Nudelgerichten und vitaminreichen Säften vor. Filialen sind auch in der Queen Street West, der Crawford Street, der Richmond Street und der Spadina Avenue.

3 **Noce**
Karte B4 ▪ 875 Queen St W
▪ 1-416-504-3463 ▪ $$

Viele Gerichte, u. a. gibt es Fleisch, Seafood, Pizza und hausgemachte Pasta, kommen aus dem Holzofen.

4 **ALO**
Karte H4 ▪ 163 Spadina Ave
▪ 1-416-260-2222 ▪ $$$

Die neun Gänge des französischen Probiermenüs zählen zu den bemerkenswertesten Erfahrungen, die man in Torontos Restaurants haben kann. An der Bar werden preiswertere Gerichte serviert.

5 **Buca Yorkville**
Karte C3 ▪ 53 Scollard St
▪ 1-416-962-2822 ▪ $$$

Das auf Seafood spezialisierte italienische Restaurant steht – auch bei Pastagerichten und Pizzas – für Abwechslung und Kreativität.

Stylishe Einrichtung, Buca Yorkville

Preiskategorien

Preis für ein Drei-Gänge-Menü pro Person mit einer halben Flasche Hauswein, inkl. Steuern und Service.

$ unter 50 $ $$ 50 – 120 $ $$$ über 120 $

6 **La Palette**
Karte H2 ▪ 492 Queen St W
▪ 1-416-929-4900 ▪ $$

Das Lokal lockt mit gutem französischen Essen, u. a. wird Pferdefilet serviert.

7 **Opus**
Karte C3 ▪ 37 Prince Arthur Ave
▪ 1-416-921-3105 ▪ $$

Das edle Restaurant hat mit die beste Weinkarte der Stadt. Probieren Sie Thunfischtatar mit Kaviar oder eines der Fleischgerichte.

8 **Mildred's Temple Kitchen**
Karte A5 ▪ 85 Hanna Ave ▪ 1-416-588-5695 ▪ $

Der Brunch-Pionier ist auch 20 Jahre später noch gut im Geschäft. Aus regionalen Zutaten entstehen klassische Gerichte.

9 **Dark Horse Espresso Bar**
Karte H3 ▪ 215 Spadina Ave ▪ 1-416-979-1200 ▪ $

Die Bar punktet mit persönlicher Atmosphäre und exzellentem Kaffee.

10 **Lai Wah Heen**
Karte K3 ▪ 108 Chestnut St
▪ 1-416-977-9899 ▪ $$

Das elegante Lokal heißt übersetzt »luxuriöser Treffpunkt« und serviert seit 1995 erstklassige *dim sum*.

TOP10 Osten

Torontos Osten ist voller Kontraste. In der Jarvis Street und der Sherbourne Street stehen einige der ältesten Villen der Stadt. In Cabbagetown, einst ein Arbeiterviertel irischer Einwanderer, wurden viktorianische Reihenhäuser luxussaniert. Manche Viertel sind sehr lebhaft, etwa die Gegend um die Church Street, wo die Schwulen- und Lesbenszene zu Hause ist. The Danforth hat viele Einwohner mit griechischen und mazedonischen Wurzeln. Hier liegt auch der St. Lawrence Market. Der Distillery Historic District schließlich wurde in ein Shopping- und Freizeitcenter umgewandelt.

Stuhl, Mackenzie House

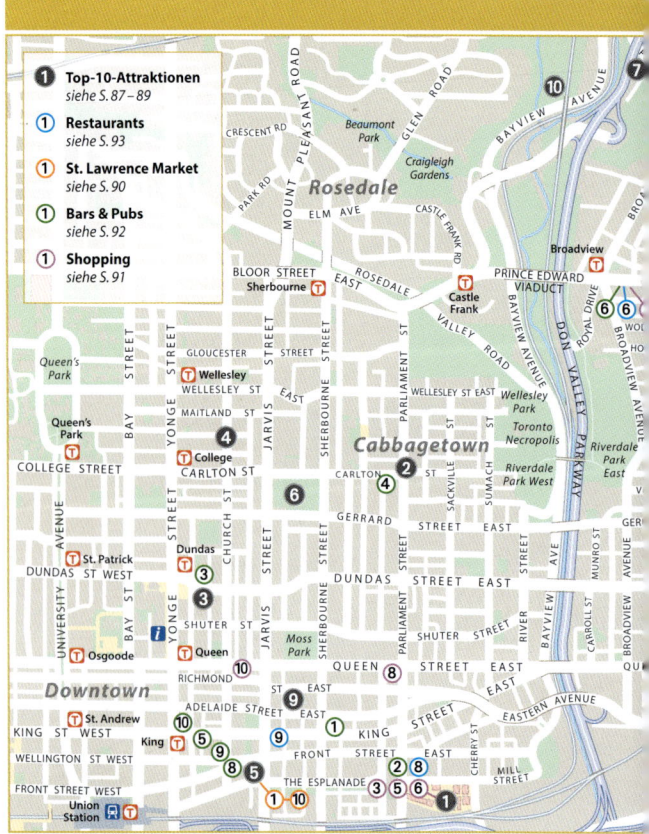

Distillery Historic District

1 Distillery Historic District

Das viktorianische Industriegebiet gehört zu den interessantesten und malerischsten Vierteln der Stadt. In den mit Kopfstein gepflasterten Fußgängerzonen sind viele Veranstaltungsbühnen, Galerien, Läden und Restaurants in gut erhaltenen oder renovierten Lagerhallen und Fabrikbauten untergebracht *(siehe S. 26f).*

2 Cabbagetown
Karte E3 – 4

Einer der ältesten Stadtteile Torontos entstand in den 1840er Jahren und war bis in die 1970er Jahre ein Arbeiterviertel. Viele der viktorianischen Reihenhäuser sind seitdem luxussaniert worden. Heute ist Cabbagetown eine gehobene Wohngegend, in der man schön spazieren gehen kann. Im Osten befinden sich der Riverdale Park und die Riverdale Farm *(siehe S. 49).* Gegenüber steht auf dem Friedhof Toronto Necropolis eine 1872 im Gothic-Revival-Stil erbaute Kapelle. Im Norden erstreckt sich mit dem St. James Cemetery der älteste Friedhof von Toronto.

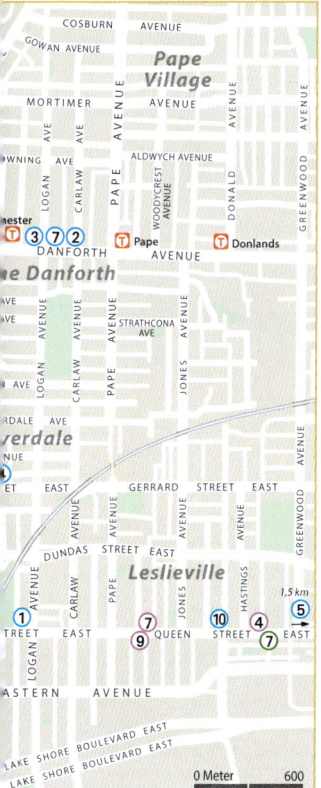

Toronto Necropolis, Cabbagetown

3 Mackenzie House
Karte L3 ■ 82 Bond St
■ 1-416-392-6915 ■ Jan – Apr: Sa & So 12 – 17 Uhr; Mai – Mitte Sep: Di – So 12 – 17 Uhr; Mitte Sep – Dez: Di – Fr 12 – 16 Uhr, Sa & So 12 – 17 Uhr ■ Eintritt

In dem Greek-Revival-Haus von 1858 lebte Torontos erster Bürgermeister William Lyon Mackenzie. Heute ist darin ein Museum mit einer Druckerei und Wechselausstellungen in der Galerie untergebracht.

Solch farbenfrohe Häuser sind typisch für die Church Street

④ Church Street
Karte L1–2

Die von der Carlton Street nach Norden bis zur Wellesley Street verlaufende Church Street ist das pulsierende Zentrum der Schwulen- und Lesbenszene von Toronto. In den Bars und Restaurants geht es stets munter zu und es gibt viele Spezialläden. *Daily Xtra* (www.dailyxtra.com) informiert über Veranstaltungen.

⑤ St. Lawrence Market
Karte M5 ▪ 92–95 Front St E

Der Komplex aus South Market und North Market, Letzterer wird derzeit neu gebaut, zählt zu den besten Märkten der Welt. Über 120 Händler verkaufen frische Produkte von hoher Qualität. Es gibt hier auch einen Antiquitätenmarkt *(siehe S. 90)*.

Don River

Der Don River hat großen Einfluss auf das Erscheinungsbild von Toronto. Er durchzieht die Stadt, von steilen Uferböschungen flankiert, östlich von Downtown und mündet in den Lake Ontario. Die industrielle Nutzung des Flusses hat große Schäden verursacht. Nun sollen Renaturierungsmaßnahmen das ökologische Gleichgewicht langfristig wiederherstellen. Die Grünanlagen an den Flussufern ermöglichen Spaziergänge und Radtouren mitten in der Großstadt.

---

⑥ Allan Gardens
Karte M2

Der große, 1860 eröffnete Park hat, wie der ganze östliche Teil Torontos, zwei Gesichter: Einerseits ist er prächtig, andererseits recht heruntergekommen. Besuchen Sie ihn am Tage, denn dann zeigt er sein schönes Gesicht. Auf dem Gelände befindet sich ein Gewächshauskomplex von 1910. Die sechs Treibhäuser stehen jeweils für eine bestimmte Klimazone mit den jeweils charakteristischen Pflanzen und Blumen.

⑦ Todmorden Mills Heritage Site
Karte F2 ▪ 67 Pottery Rd ▪ Historische Gebäude: Jan–Mai & Sep–Dez: Mi–Fr 12–16 Uhr, Sa & So 12–16.30 Uhr; Juni–Aug: Di–Fr 10–16.30 Uhr (Do bis 19.30 Uhr), Sa & So 12–17 Uhr ▪ Eintritt ▪ Gelände: tägl.

Das Freilichtmuseum präsentiert Gebäude aus dem späten 18. Jahrhundert, darunter einige original erhaltene Industriebauten. Das Terry Cottage aus dem Jahr 1797 und das zur Wende zum 19. Jahrhundert errichtete Helliwell House wurden mit zeitgenössischem Mobiliar ausgestattet. Paper Mill Gallery and Theatre bringt Aufführungen und Kunstshows auf die Bühne. Ein Wildblumenschutzgebiet ist vor allem im Frühling den Besuch wert.

8 The Danforth
Karte F3

Seit 1918 ist The Danforth über den Prince Edward Viaduct, der den Don River überspannt, mit Downtown verbunden. In den 1950er Jahren siedelte sich hier eine gut gedeihende griechisch-mazedonische Gemeinde an. Anfang August sorgt das einwöchige Straßenfest »Taste of The Danforth« für Unterhaltung.

9 Toronto's First Post Office
Karte M4 ▪ 260 Adelaide St E ▪ 1-416-865-1833 ▪ Mo – Fr 9 –17.30 Uhr, Sa 10 –16 Uhr, So 12 –16 Uhr ▪ Eintritt (Spende)

Das heute noch betriebene Postamt und Museum existiert seit 1833 und ist das einzige Überbleibsel des britischen Postwesens in Kanada. Versendete Briefe werden mit »York-Toronto 1833« gestempelt. Neben einem maßstabsgetreuen Modell vom Toronto der 1830er Jahre sind auch zeitgenössisches Mobiliar, Tintenfässer und Siegelwachs zu sehen.

Toronto's First Post Office

10 Evergreen Brick Works
Karte E2 ▪ 550 Bayview Ave

Der Schornstein ist nur eines der Überbleibsel der einst florierenden Fabrik, die 1889 für die Herstellung von Ziegeln gegründet wurde. Der Steinbruch wurde renaturiert und ist heute ein Park mit Teichen und Wiesen, die sanierten Industriebauten dienen als Beispiele für nachhaltige Entwicklung. Auf dem Gelände befinden sich auch ein Restaurant und ein Abenteuerspielplatz *(siehe S. 45)*.

Spaziergang

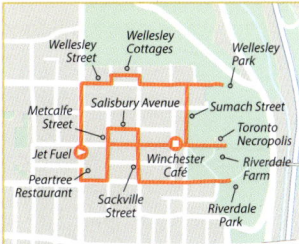

▶ Vormittags

Beginnen Sie den Tag im **Jet Fuel** (519 Parliament St) mit einem Espresso, dann gehen Sie nordwärts bis zur **Wellesley Street** und folgen dieser nach Osten, vorbei an reizvoller viktorianischer Architektur. Das Haus Nr. 314 zeigt interessanten Fassadenschmuck. Erkunden Sie aber auch die Wege nach Norden sowie die **Wellesley Cottages**. Diese sieben Giebelhäuschen stehen in einem Hof. Auch der **Wellesley Park** am Ende der Straße ist einen Besuch wert.

Von der Wellesley Street geht es dann links in die **Sumach Street** – die hübschen Häuser dort sind typisch für Cabbagetown *(siehe S. 87)*. Beachten Sie die Empirestil-Gebäude Nr. 420 – 422 von 1886 und die Häuser Nr. 404 – 408 im englischen Landhausstil. Links führt die Winchester Street zum Friedhof **Toronto Necropolis**. Dessen Kapelle besitzt ein hübsches Buntglasfenster. Die Winchester Street führt wieder auf die Parliament Street. Im **Peartree Restaurant** (Nr. 507) können Sie zu Mittag zu essen.

Nachmittags

Nach dem Essen geht es im Zickzackkurs durch **Metcalfe Street**, **Salisbury Avenue** und **Sackville Street**, dann nach Osten in den **Riverdale Park** mit der **Riverdale Farm** *(siehe S. 49)*. Das hübsche **Winchester Café** (161 Winchester St) verkauft durch ein Seitenfenster hindurch Erfrischungen. Das Café befindet sich an der nordwestlichen Ecke des Parks auf der Straßenseite gegenüber.

Siehe Karte S. 86f

St. Lawrence Market

An den Ständen in der Markthalle gibt es frische Lebensmittel, St. Lawrence Market

1 South Market
Di – Do 8 – 18 Uhr, Fr 8 – 19 Uhr,
Sa 5 – 17 Uhr

Das Gebäude entstand 1845 als
zweites Rathaus von Toronto. Heute
beherbergt das Haus einen betrieb-
samen Markt für frisches Fleisch,
Obst, Gemüse, Käse und Brot.

2 North Market
Sa 5 – 15 Uhr

Der North Market wird neu gebaut
und soll 2020 eröffnen. Die Händler
befinden sich derweil einen Block
südlich (125 Esplanade).

3 European Delight
Der ukrainische Stand in der
unteren Ebene des South Market
hat Spezialitäten aus Osteuropa im
Sortiment, z. B. Piroggen und Kohl-
rouladen – auch tiefgekühlt.

4 Antique Market
So 5 – 17 Uhr

Die Händler bieten Designklassiker,
militärische Sammlerstücke und
allerlei Schnickschnack an (bis zur
Fertigstellung des North Market in
125 Esplanade).

5 Montreal Bagels
Einheimische lieben die Brötchen der St. Urbain Bakery im South
Market – und auch deren Bagels, die
nach einem Rezept aus der franko-
kanadischen Stadt Montréal vor dem
Backen gekocht werden.

6 Alex Farm Products
Das Paradies für Käselieb-
haber im South Market führt Spezialitäten aus aller Welt, von französi-
schem Cantal über Rohmilchkäse
bis hin zu scharfen Blauschimmel-
sorten.

7 Musiker & Händler
In den wärmeren Monaten
tummeln sich vor dem South Market
Straßenmusiker und fahrende Händler, die ihre Waren anpreisen.

8 Peameal Bacon Sandwiches
Die Carousel Bakery im South
Market verkauft den kanadischen
Snack schlechthin: Brötchen, belegt
mit Peameal Bacon, einer Schinken-
spezialität des Landes.

9 Market Gallery
Di – Fr 10 – 16 Uhr, Sa 9 – 16 Uhr
■ Eintritt für manche Ausstellungen

Im alten Ratszimmer im ersten
Stock des South Market werden
Objekte und Fotografien aus Toron-
tos Vergangenheit ausgestellt.

10 South Market – Lower Floor
Die Stände im Untergeschoss des
South Market bieten u. a. Accessoires, Hüte, Marmeladen und Chut-
neys an. Dort findet man auch Bio-
und Lebensmittelläden sowie einen
Coffeeshop.

Shopping

1 Negash & Dessa
Karte F3 ■ 161 Danforth Ave
■ 1-416-462-9306

Der Shop bietet eine exzellente Auswahl an Accessoires, u. a. elegant gearbeitete Lederwaren und attraktiven Silberschmuck.

2 The Big Carrot
Karte F3 ■ Carrot Common Complex, 348 Danforth Ave ■ 1-416-466-2129

Der große, gut sortierte Laden führt Biolebensmittel und natürliche Körperpflegeprodukte. Es lohnt sich auch, die köstlichen Snacks und Häppchen oder einen der Biosäfte zu versuchen.

3 Soma Chocolate
Karte E5 ■ 32 Tank House Lane
■ 1-416-815-7662

Probieren Sie in diesem Schokoladenmekka göttliche Pralinen oder eine Tasse heiße, nach Gewürzen duftende Maya-Schokolade.

Gadabout in Leslieville

4 Gadabout
Karte F4 ■ 1300 Queen St E
■ 1-416-463-1254

In dem kleinen Vintage-Shop kann man leicht die Zeit vergessen. Der Laden ist vollgepackt mit Restposten aus aller Welt.

5 Bergo Designs
Karte E5 ■ 28 Tank House Lane
■ 1-416-861-1821

Die Boutique im Distillery Historic District bezeichnet sich selbst als Designgalerie. Die Schmuckstücke, Möbel und Küchenhelfer könnten auch als Kunstwerke durchgehen.

6 John Fluevog
Karte E5 ■ 4 Trinity St ■ 1-416-583-1970

Das Enfant terrible unter den Schuhdesignern stammt aus Vancouver. Seine robusten und teils ungewöhnlichen Kreationen verkauft er im lebhaften Distillery Historic District's Boiler House Complex.

7 Artsmarket
Karte F4 ■ 1114 Queen St E
■ 1-416-546-8464

In einem Häuserblock im lebhaften Leslieville präsentieren Künstler, Antiquitätensammler und Handwerker ihre Objekte dicht gedrängt auf kleinstem Raum.

8 Ethel
Karte E4 ■ 327 Queen St E
■ 1-416-778-6608

Ethel verkauft Esstische aus Teak, Couchtische aus Glas und Acryl sowie weitere schicke Stücke aus den 1960er und 1970er Jahren zu akzeptablen Preisen.

9 Kristapsons
Karte F4 ■ 1095 Queen St E
■ 1-416-466-5152

Lachs aus dem Pazifischen Ozean, an Ort und Stelle nach einem Geheimrezept geräuchert, ist alles, was es bei Kristapsons zu kaufen gibt – doch die Qualität ist top.

10 Henry's
Karte L4 ■ 119 Church St
■ 1-416-868-0872

Fotografen finden hier alles, was sie benötigen, z. B. Digitalkameras, Leica-Objektive, Filme, Batterien und Fotopapier.

Siehe Karte S. 86f

Bars & Pubs

(1) Betty's
Karte M4 ▪ 240 King St E
▪ 1-416-368-1300
Das Pub serviert Bier vom Fass und Rauchfleisch nach Montréal-Art. Es gibt Billardtische und eine Terrasse.

(2) Mill Street Brew Pub
Karte E5 ▪ 21 Tank House Lane
▪ 1-416-681-0338
Zur Auswahl stehen 13 Biere vom Fass. Durch eine Glaswand kann man die Braukessel sehen.

(3) Imperial Pub Tavern
Karte L3 ▪ 54 Dundas St E
▪ 1-416-977-4667
Hier bevölkern die Gäste die runde Theke. Die Jukebox spielt meist alte Jazzklassiker.

(4) Stout Irish Pub
Karte E4 ▪ 221 Carlton St
▪ 1-647-344-7676
Stammgäste schätzen die wechselnde Bierkarte, die kreativen Gerichte und das Pubquiz.

(5) Consort Bar
Karte L4 ▪ 37 King St E ▪ 1-416-863-3131
Die elegante Bar im Hotel Omni King Edward *(siehe S. 116)* ist bekannt für exzellente Cocktails und großartige Whiskeys.

Elegante Consort Bar

(6) Dora Keogh
Karte F3 ▪ 141 Danforth Ave
▪ 1-416-778-1804
Das rekonstruierte irische Pub aus den 1890er Jahren bietet reichlich Bier und Whiskey und an den meisten Abenden Livemusik.

Irische Musik im Ceílí Cottage

(7) Ceílí Cottage
Karte F4 ▪ 1301 Queen St E
▪ 1-416-406-1301
Die urige irische Bar serviert gutes Essen und Bier vom Fass – Bier aus der Flasche ist hier verpönt. Dienstagabends gibt es irische Musik live.

(8) C'est What?
Karte L5 ▪ 67 Front St E ▪ 1-416-867-9499
Das Pub serviert 35 Biere von Mikrobrauereien, u. a. Sorten aus Hanf, Roggen und Kaffee. An manchen Abenden und sonntagnachmittags gibt es Livemusik.

(9) Pravda Vodka House
Karte L4 ▪ 44 Wellington St E
▪ 1-416-366-0303
Das wie aus der Sowjetzeit wirkende Restaurant serviert russische Gerichte und Wodka *(siehe S. 56)*.

(10) BeerBistro
Karte L4 ▪ 18 King St E ▪ 1-416-861-9872
Die Bierauswahl ist enorm. Bei vielen Menüs ist das Bier im Preis inbegriffen.

Restaurants

Preiskategorien
Preis für ein Drei-Gänge-Menü pro Person mit einer halben Flasche Hauswein, inkl. Steuern und Service.

$ unter 50 $ $$ 50–120 $ $$$ über 120 $

(1) Lady Marmalade
Karte F4 ▪ 898 Queen St E
▪ 1-647-351-7645 ▪ $
Für Eier Benedict und die mexikanischen Gerichte werden Biozutaten der Region verwendet. Hier gibt es täglich Frühstück und Mittagessen.

(2) Pizza Libretto
Karte F3 ▪ 550 Danforth Ave
▪ 1-416-466-0400 ▪ $
Wer in Toronto Pizza fast wie in Neapel essen möchte, sollte in dieser lebhaften Pizzeria einen Tisch reservieren.

(3) Mezes
Karte F3
▪ 456 Danforth Ave
▪ 1-416-361-5634 ▪ $
Eines der Lieblingslokale der griechischen Gemeinde serviert u. a. gedämpfte Muscheln, würzigen Feta sowie *saganaki* – die Käsespezialität wird flambiert serviert.

(4) Batifole
Karte F4 ▪ 744 Gerrard St E
▪ 1-416-462-9965 ▪ $$
Fans authentischer französischer Küche genießen in diesem unaufdringlich wirkenden Restaurant am Rand von Chinatown East Klassiker wie *cassoulet* und *soupe de poissons*.

(5) Sauvignon Bistro
Karte B2 ▪ 1862 Queen St E
▪ 1-416-686-1998 ▪ $$
Hier treffen sich die Einwohner von The Beach in gemütlicher Atmosphäre. Die Klassiker der Bistroküche werden auch an Tischen im Freien serviert.

(6) Allen's
Karte F3 ▪ 143 Danforth Ave
▪ 1-416-463-3086 ▪ $$
Der Außenbereich des Pub-Restaurants gehört zu den schönsten in ganz Toronto.

(7) Pan on the Danforth
Karte F3 ▪ 516 Danforth Ave
▪ 1-416-466-8158 ▪ $
Neben griechischen Klassikern werden weniger bekannte Speisen serviert, z. B. der Fischeintopf *kakavia*.

(8) El Catrin
Karte E5 ▪ 18 Tank House Lane
▪ 1-416-203-2121 ▪ $$
Das große mexikanische Restaurant im alten Kesselhaus des Distillery Historic District scheint täglich den »Tag der Toten« zu feiern.

Von Hand gemaltes Wandbild, El Catrin

(9) Hiro Sushi
Karte M4 ▪ 171 King St E
▪ 1-416-304-0550 ▪ $$
Freunde der japanischen Küche genießen hier gegrillten Thunfisch, Sashimi und andere Köstlichkeiten. Dazu wird Sake serviert.

(10) Gio Rana's Really, Really Nice Restaurant
Karte B4 ▪ 1220 Queen St E ▪ 1-416-469-5225 ▪ $$
Das Lokal mit dem ungewöhnlichen Namen befindet sich in einer früheren Bank und bringt süditalienische Speisen auf den Tisch.

Siehe Karte S. 86f

TOP10 Großraum Toronto

Das Stadtgebiet rund um die City ist in den letzten Jahrzehnten stark gewachsen. Vororte und »Schlafstädte« liegen in der ländlichen, fruchtbaren Region am Stadt- rand von Toronto. Obwohl Highways die City mit dem Umland verbinden, kommt es in der Rushhour zu Staus. Viele Parks, Gärten und Badestrände säumen die Au- ßenbezirke der Stadt. Der Toronto Zoo im Rouge National Urban Park am östlichen

Objekt aus der Colborne Lodge

Stadtrand eignet sich – ebenso wie Canada's Wonderland – gut für einen Familienausflug. Das Black Creek Pioneer Village demonstriert die entbehrungsreiche Pionierzeit und das Landleben des 19. Jahrhunderts. Kunstliebhaber zieht es in die McMichael Canadian Art Collection nach Kleinburg.

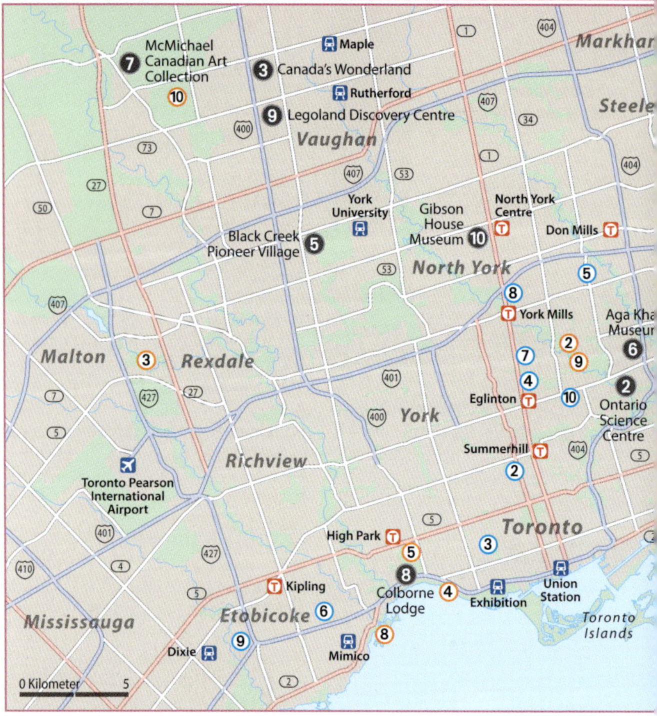

1 The Beach
Karte B2

The Beach wurde wegen der Lage am See zum beliebten Erholungsort. Besucher strömen im Sommer zu den weißen Sandstränden, flanieren die Promenade entlang, picknicken in den Kew Gardens und shoppen in der Queen Street. Ende Juli, beim Beaches International Jazz Festival (siehe S. 63), ist hier am meisten los.

2 Ontario Science Centre
Karte B1 ▪ 770 Don Mills Rd ▪ 1-416-696-1000 ▪ tägl. 10–16 Uhr (Sa bis 20 Uhr, So bis 17 Uhr) ▪ Eintritt ▪ www.ontariosciencecentre.ca

Die interaktiven Ausstellungen für Jugendliche behandeln elf Themen, u. a. das Ökosystem der Erde, das Weltall, Sport, Energie, Kommunikation und den menschlichen Körper.

Achterbahn, Canada's Wonderland

3 Canada's Wonderland
Karte A1 ▪ 1 Canada's Wonderland Drive, Vaughan ▪ 1-905-832-8131 ▪ Mai – Okt: wechselnde Öffnungszeiten (Sep & Okt: nur Sa & So) ▪ Eintritt ▪ www.canadaswonderland.com

Der Vergnügungspark nördlich von Toronto bietet mit über 200 Attraktionen, 69 Fahrgeschäften und einem Wasserpark Spaß für Jung und Alt. Den größten Nervenkitzel bieten die Achterbahnen.

4 Toronto Zoo
Karte B1 ▪ 361A Old Finch Ave ▪ 1-416-392-5929 ▪ Mitte März – Apr & Sep: Mo – Fr 9.30 –16.30 Uhr, Sa & So 9.30 –18 Uhr; Mai – Aug: tägl. 9 –19 Uhr; Okt – Mitte März: tägl. 9.30 –16.30 Uhr ▪ Eintritt ▪ www.torontozoo.com

Torontos zoologischer Garten beherbergt auf einer Fläche von insgesamt 287 Hektar rund 5000 Tiere aus mehr als 500 Arten. Großwildtiere, etwa die Afrikanischen Elefanten, werden in gut einsehbaren Freigehegen gehalten. Vier Tropenhäuser repräsentieren verschiedene geografische Lebensräume.

Pandas, Toronto Zoo

Top-10-Attraktionen
siehe S. 95 – 97

Restaurants
siehe S. 99

Parks & Gärten
siehe S. 98

⑤ Black Creek Pioneer Village

Karte A1 ▪ 1000 Murray Ross Pkwy ▪ 1-416-736-1733 ▪ Mai & Juni: Mo–Fr 10–16 Uhr, Sa & So 11–17 Uhr; Juli–Labour Day: Mo–Fr 10–17 Uhr, Sa & So 11–17 Uhr; Labour Day–23. Dez: Mo–Fr 10–16 Uhr, Sa & So 11–16.30 Uhr ▪ Eintritt ▪ www.blackcreek.ca

Wie lebten einst die Siedler im Ontario des 19. Jahrhunderts? Eine Antwort darauf erhält man in diesem Freilichtmuseum. Neben einer Schule, einer Kirche, Wohnhäusern, Läden und Scheunen gibt es hier auch Blumen- und Obstgärten, Teiche und zahlreiche Tiere zu sehen. Das authentisch gekleidete Personal gibt Einblicke in die Arbeit eines Schmieds oder Müllers.

⑥ Aga Khan Museum

Karte B2 ▪ 77 Wynford Dr ▪ 1-416-646-4677 ▪ Di–So 10–18 Uhr (Mi bis 20 Uhr) ▪ Eintritt ▪ www.agakhanmuseum.org

Das Museum für islamische Kunst befindet sich in einem eindrucksvollen eckigen Bau des japanischen Architekten Fumihiko Maki. Die Sammlung umfasst Keramiken, Stoffe, wissenschaftliche Schriften und Musikinstrumente sowie Meisterwerke wie die im Iran im 16. Jahrhundert filigran gezeichneten Seiten aus dem *Schāhnāme (Buch der Könige)*. Im Fokus steht die kulturelle Vielfalt der Muslime weltweit – von Spanien über Afrika und den Nahen Osten bis China.

McMichael Canadian Art Collection

R. C. Harris Filtration Plant

Das in den späten 1930er Jahren errichtete Wasserwerk feierte man seinerzeit geradezu hymnisch als »Palast der Reinheit«. In dem monumental auf einem Hügel errichteten Art-déco-Gebäude stehen die Maschinen, die die Stadt mit Trinkwasser versorgen. Jeden Tag werden dem Lake Ontario mehr als 750 Millionen Liter Wasser entnommen und den Versorgungseinrichtungen der Stadt zugeführt.

⑦ McMichael Canadian Art Collection

Karte A1 ▪ 10365 Islington Ave, Kleinburg, 30 km nördl. von Toronto ▪ 1-905-893-1121 ▪ Mai–Okt: tägl. 10–17 Uhr; Nov–Apr: Di–So 10–16 Uhr ▪ Eintritt ▪ www.mcmichael.com

Die Sammlung zeigt Gemälde der einflussreichen Group of Seven, Werke derer Zeitgenossen, z. B. von Tom Thomson und Emily Carr, sowie von Künstlern, die durch die Gruppe inspiriert wurden. Auch die Werke der Ureinwohner und der Inuit sind beeindruckend.

⑧ Colborne Lodge

Karte A2 ▪ Colborne Lodge Dr ▪ 1-416-392-6916 ▪ Jan, Feb & Apr: Sa & So 12–16 Uhr; März: Do–So 12–16 Uhr; Mai–Aug: Di–So 12–17 Uhr; Sep: Sa & So 12–17 Uhr; Okt–Dez: Di–So 12–16 Uhr ▪ Eintritt

Das Haus von 1837 war einst der Wohnsitz des Landvermessers John

Aga Khan Museum, ein bemerkenswerter Bau

Howard und dessen Frau Jemima. Howard vermachte sein Anwesen der Stadt, heute gehört es zum High Park *(siehe S. 98)*. Das im Regency-Stil erbaute Haus mit prächtiger, umlaufender Veranda wurde renoviert. Hier sind u. a. Howards Aquarelle mit frühen Ansichten von Toronto zu sehen. Das Personal, das durch das Anwesen führt, ist authentisch gekleidet. Besuchen Sie auch den Kräutergarten.

Kinder im Legoland Discovery Centre

⑨ Legoland Discovery Centre
Karte A1 ▪ 1 Bass Pro Mills Dr, Vaughan ▪ 1-855-356-2150 ▪ Mo – Do 10 –19.30 Uhr, Fr & Sa 10 – 20 Uhr, So 11 –19 Uhr (letzter Einlass 2 Std. vor Schließung) ▪ Eintritt ▪ www.legolanddiscoverycentre.ca

Im Center für Kinder von drei bis zehn Jahren gibt es u. a. ein Miniland mit Sehenswürdigkeiten aus Lego und eine Teststrecke für Modellautos aus Lego. Erwachsene ohne Kinder haben keinen Zutritt.

⑩ Gibson House Museum
Karte A1 ▪ 5172 Yonge St ▪ 1-416-395-7432 ▪ Mi – So 13 –17 Uhr (Do bis 20 Uhr, Juli & Aug: ab 11 Uhr) ▪ Führungen ▪ Eintritt

Das georgianische Farmhaus von 1851 gehörte David Gibson, einem Führer der Upper Canada Rebellion von 1837. Nach dem Scheitern des Aufstands floh Gibson in die USA. Er wurde begnadigt, kehrte zurück und baute das Haus für seine Familie.

Spaziergang

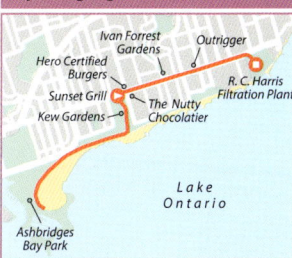

▶ Vormittags

Genießen Sie zum Frühstück die köstlichen Waffeln im **Sunset Grill** *(siehe S. 49)*. Anschließend geht es über die Straße und durch die **Kew Gardens** zum See. Beachten Sie am Südende des Parks die Rundfenster an der Fassade des Kew Williams Cottage von 1902. Wenn Sie die Promenade erreicht haben, biegen Sie rechts ab. Nach etwa 15 Minuten Spaziergang wechseln Sie auf den befestigten Weg, der Sie in den **Ashbridges Bay Park** *(siehe S. 45)* führt. Dort können Sie am Wasser entlangspazieren, den Segelbooten zuschauen und von der Westseite des Parks den Blick auf die Stadt genießen. Zum Lunch kehren Sie zurück in die Kew Gardens, dann in die Queen Street. Bei **Hero Certified Burgers** (Nr. 2018) gibt es köstliche Burger, die Sie für ein Picknick in Kew Gardens auch mitnehmen können.

Nachmittags

Schmökern Sie am Nachmittag in den Shops der Queen Street East und holen Sie sich im **The Nutty Chocolatier** (Nr. 2179) etwas zum Naschen. Anschließend machen Sie eine Pause in den **Ivan Forrest Gardens** an der Ecke Queen Street East und Manor Drive. Nach dem Shopping können Sie auf der Terrasse des **Outrigger** (Nr. 2232) etwas trinken. Wenn Sie noch Lust haben, gehen Sie bis zum **R. C. Harris Filtration Plant**, besichtigen dieses Art-déco-Juwel und bewundern die Sicht auf die imposanten Scarborough Bluffs und auf den Lake Ontario.

Siehe Karte S. 94f

Parks & Gärten

Rouge National Urban Park

① Rouge National Urban Park
Karte B1 ▪ www.pc.gc.ca/en/pn-np/on/rouge
Einer der größten Stadtparks Nordamerikas folgt dem Lauf des Rouge River. Er bietet ursprüngliche, wilde Natur und viele Wanderwege *(siehe S. 45)*.

② Toronto Botanical Garden
Karte B1 ▪ 777 Lawrence Ave E ▪ 1-416-397-1340
Die Blumenbeete im Park an der Wilket-Creek-Schlucht sind herrlich.

③ Humber Arboretum
Karte A2 ▪ 205 Humber College Blvd
Durch die Wälder und Wiesen des Schutzgebiets am West Humber River führen zahlreiche Naturlehrpfade zu Pflanzen und Wildtieren.

④ Martin Goodman Trail
Karte A – B2
Der 56 Kilometer lange Pfad verbindet die Parks am Ufer des Lake Ontario.

⑤ High Park
Karte A2 ▪ 1873 Bloor St W
Torontos größter Park bietet lange Wege, Spiel- und Tennisplätze, einen kleinen Zoo, eine Snackbar und ein Restaurant *(siehe S. 44)*.

High Park, ein Freizeit- und Naturpark

⑥ Bluffer's Park
Karte B2 ▪ Brimley Rd, südl. Ende
107 Meter hohe Sandsteinklippen sorgen für eine imposante Kulisse am Lake Ontario. Hier gibt es einen Yachthafen.

⑦ Guild Park & Gardens
Karte B1 ▪ 201 Guildwood Pkwy
Genießen Sie die Garten- und Naturlandschaft an den Scarborough Bluffs. Auf dem Areal wurden Fassadenteile und Säulen von abgerissenen Gebäuden dekorativ aufgestellt.

⑧ Humber Bay Butterfly Habitat
Karte A2 ▪ Humber Bay Park Rd E
Der Park am See ist voller Schmetterlinge und bietet einen atemberaubenden Blick auf die Skyline von Toronto. Hier kann man lernen, welche Blumen Schmetterlinge in den heimischen Garten locken.

⑨ Sunnybrook Park
Karte B1 ▪ Eingang westl. der Leslie St durch den Wilket Creek Park
Der Park um die schattige Burke-Schlucht bringt im Sommer willkommene Kühle. Außerdem gibt es Naturlehrpfade, Reitställe, Sportplätze, Picknicktische und ein Café.

⑩ Kortright Centre for Conservation
Karte A1 ▪ 9550 Pine Valley Dr, Woodbridge ▪ 1-905-832-2289 ▪ Eintritt
Das Naturschutzgebiet bietet Exkursionen an. Beliebt ist die nächtliche »Eulenjagd«. Die Pfade führen durch Wälder, Wiesen und das Flusstal.

Restaurants

① Chiu Chow Boy
Karte B1 ▪ 3261 Kennedy Rd
▪ 1-416-335-0336 ▪ $

Das Lokal am Rand von Scarborough serviert Gerichte mit Hühnchen und Ente nach Rezepten der Chaozhou-Küche. Das Omelett mit Austern ist eine Spezialität des Hauses.

② Scaramouche
Karte C2 ▪ 1 Benvenuto Pl
▪ 1-416-961-8011 ▪ Restaurant: $$$,
Pasta Bar $$

Die Pasta Bar ist eine Institution in Toronto und preisgünstiger als das Restaurant, das seit Jahrzehnten einfallsreiche Gerichte serviert. Der Blick auf die Stadt ist fantastisch.

③ Chiado
Karte A3 ▪ 864 College Street
▪ 1-416-538-1910 ▪ $$$

In gehobenem Ambiente kann man exzellentes Seafood, herzhafte portugiesische Fleischgerichte und diverse Weine aus Portugal genießen.

④ North 44°
Karte B1 ▪ 2537 Yonge St
▪ 1-416-487-4897 ▪ $$$

Mark McEwan kocht modern und interpretiert gern französische Klassiker neu. Die Getränke- und Weinauswahl ist beeindruckend.

⑤ Katsura
Karte B1 ▪ Hotel Westin Prince,
900 York Mills Rd ▪ 1-416-444-2511 ▪ $$

An Teppan-Tischen, in separaten Tatami-Zimmern oder an der Sushi-Bar kann man japanische Spezialitäten wie Sushi, Sashimi, *tempura* und Fisch vom Grill genießen.

⑥ Sushi Kaji
Karte A2 ▪ 860 The Queensway
▪ 1-416-252-2166 ▪ $$$

Menüs wie das empfehlenswerte *omakase* – die Zusammenstellung überlässt man hierbei dem Koch – bieten Gang für Gang köstliche Kreationen der japanischen Küche. Dazu gibt es Sashimi und Sushi.

⑦ Stack
Karte B1 ▪ 3265 Yonge St
▪ 1-647-346-1416 ▪ $$

Das große Restaurant steht für Grillgerichte, Burger und Donuts. Das Konzept ist simpel, aber erfolgreich.

⑧ Auberge du Pommier
Karte B1 ▪ 4150 Yonge St
▪ 1-416-222-2220 ▪ $$$

Zwei gemütliche Räume, eine Bar und eine Terrasse bilden den Rahmen für französische Klassiker mit modernem Touch. Fragen Sie im Winter nach einem Tisch am Kamin.

Schön angerichtet, Auberge du Pommier

⑨ Via Allegro
Karte A2 ▪ 1750 The Queensway
▪ 1-416-622-6677 ▪ $$

Pasta, Seafood, Pizza aus dem Holzofen – alles schmeckt hier wie in Italien. Im preisgekrönten Weinkeller lagern mehr als 5000 Flaschen.

⑩ Indian Street Food
Karte B2 ▪ 1701 Bayview Ave
▪ 1-416-322-3270 ▪ $$

Das helle und freundliche Restaurant in East York serviert Gerichte, die man auch an indischen Bahnhöfen bekommen kann. Zu empfehlen sind Garnelen vom Holzkohlengrill und *chicken tikka*. Das Personal nimmt kein Trinkgeld an.

Siehe Karte S. 94f

TOP10 Abstecher

Die reizvollen Städtchen außerhalb des Groß-
raums Toronto sind gut erreichbar. Nördlich
liegen Honey Harbour und Gravenhurst mit
schönen Seen und Wäldern im Hinterland,
das Skigebiet Collingwood sowie die Georgian
Bay. Im Westen gibt es u. a. Stratford mit dem
landesweit bekannten Shakespeare-Theaterfesti-
tival sowie die Mennonitengemeinde St. Jacobs.
Etwas weiter westlich erstrecken sich nördlich
und südlich der Kleinstadt Goderich die Sandstrände des Lake Huron. Attraktionen auf der
Niagara-Halbinsel sind die Niagara Falls und
die besten Weingüter von Ontario.

Shakespeare-
Büste

Tour mit der Pferdekutsche durch Niagara-on-the-Lake

① Niagara-on-the-Lake

Karte Q3 ▪ Niagara Historical Museum: 43 Castlereagh St; 1-905-468-3912; Mai – Okt: tägl. 10 –17 Uhr; Nov – Apr: tägl. 13 –17 Uhr; Eintritt

Die reizende Stadt konnte die meisten Bauten aus dem frühen 19. Jahrhundert erhalten. Hübsche georgianische und klassizistische Villen sowie die alten Läden sind einen Besuch wert. Wer sich für Geschichte interessiert, sollte das Niagara Historical Museum besuchen. Die Stadt eignet sich gut für Ausflüge entlang dem Niagara Parkway und zu den Weingütern *(siehe S. 106)*. Im Sommer findet das Shaw Festival statt.

② Niagara Falls

Die Wasserfälle muss man gesehen haben. Sie gehören zu den bedeutendsten Sehenswürdigkeiten von ganz Kanada *(siehe S. 34 – 37)*.

③ Stratford

Karte P2

Stratford, bekannt für das Shakespeare-Festival, widmet sich auch sonst ganz dem Dramatiker, u. a. gibt es einen Garten mit Blumen, die in dessen Stücken vorkommen. Die Parks am Flussufer sind ideal für ein Picknick, Läden verkaufen Werke einheimischer Künstler. Besuchen Sie auch das Stratford-Perth Museum und das viktorianische Perth County Court House (1887).

④ Gravenhurst

Karte Q1 ▪ Muskoka Steamships: www.realmuskoka.com ▪ Bethune Memorial House: 235 John St N; 1-705-687-4261; Eintritt (bis 17 Jahre frei); www.pc.gc.ca/bethune

Von Gravenhurst aus kann man die Region Muskoka erkunden, man kann aber auch eine Rundfahrt auf einem Dampfer (1887) machen. Muskoka erstreckt sich vom Algonquin Park bis zur Georgian Bay. Über 1600 Seen und Flüsse machen die Gegend zu einem Badeparadies.

Gravenhurst, schöne Kleinstadt am See

⑤ Royal Botanical Gardens

Karte P3 ▪ 680 Plains Rd W, Burlington ▪ tägl. 10 Uhr – Sonnenuntergang

Die Anlage bietet Gewächshäuser, Gärten und Spazierwege. Im Frühling blühen Fliederbüsche, von Sommer bis Herbst uralte Rosenstöcke. Im Winter zieht es Besucher in den überdachten Mediterranean Garden.

Maple Syrup Museum, St. Jacobs

⑥ St. Jacobs & Elora
Karte P2

In beiden Dörfern findet man in den Häusern aus dem 19. Jahrhundert viele Läden für Kunst, Kunsthand-werk, Antiquitäten und Souvenirs. Auf dem ganzjährig geöffneten St. Jacobs Farmers' Market verkau-fen u. a. Mennoniten ihren Ahorn-sirup. Der Spezialität dieser Gegend ist das Maple Syrup Museum gewid-met (1441 King St N, St. Jacobs). 24 Kilometer nordöstlich, am Ufer des Grand River, liegen Elora und die atemberaubende Elora Gorge.

⑦ Georgian Bay Islands National Park
Karte P1 ■ *DayTripper*: 1-705-526-8907 (nur mit Reservierung)

Kiefern und vom Wind geschliffene Felsen sind charakteristisch für die raue Landschaft der Georgian Bay. Tausende Inseln liegen in der Bucht, 59 gehören zum Park. Beausoleil, die größte der Inseln, bietet Wander-wege, Sandstrände, Wälder und eine Vielfalt an Reptilien und Amphibien. Die Fahrt von Honey Harbour zur Insel mit der *DayTripper* dauert etwa 15 Minuten.

⑧ Goderich
Karte N2 ■ **Huron County Museum**: 110 North St; Jan – Apr: Di – Fr 10 – 16.30 Uhr (Do bis 20 Uhr), Sa 13 – 16.30 Uhr; Mai – Okt: Mo – Sa 10 – 16.30 Uhr (Do bis 20 Uhr), So 13 – 16.30 Uhr; Nov & Dez: Di – Sa 10 – 16.30 Uhr (Do bis 20 Uhr), So 13 – 16.30 Uhr; Eintritt ■ **Huron Historic Gaol**: 181 Victoria St N; Mai – Aug: Mo – Sa 10 – 16.30 Uhr (Do bis 20 Uhr), So 13 – 16.30 Uhr; Sep & Okt: So – Fr 13 – 16 Uhr, Sa 10 – 16.30 Uhr; Eintritt

In der 1827 gegründeten Stadt am Lake Huron stehen noch viele vikto-rianische Gebäude. Die Straßen in der Innenstadt führen sternförmig vom zentralen, achteckigen Platz weg, an dem das Huron County Courthouse steht. Sehenswert sind auch das Huron County Museum für landwirtschaftliche Geräte sowie das von 1839 bis 1842 errichtete Gefängnis Huron Historic Gaol.

Eines der Inselchen im Georgian Bay Islands National Park

⑨ Long Point Provincial Park

Karte P3 ▪ Hwy 59, 10 km südl. von Port Rowan ▪ 1-519-586-2133

Der bekannte Rastplatz für Zugvögel wurde von der UNESCO zum Biosphärenreservat erklärt. Die in Tausenden Jahren entstandene sandige Landzunge mit ihren Sandstränden und seichten Gewässern reicht etwa 40 Kilometer in den Lake Erie hinein. Frühling und Herbst eignen sich gut zur Vogelbeobachtung. Pfade führen durch Dünen, Wälder und Feuchtgebiete. Die Campingplätze sind in der Regel gut ausgestattet.

Straße im Zentrum von Collingwood

⑩ Collingwood

Karte P1 ▪ Blue Mountain Resort: 1-705-445-0231 ▪ Scenic Caves Nature Adventures: 1-705-446-0256

Die Stadt liegt in der wunderschönen Landschaft des Niagara Escarpment. Am nahen Blue Mountain liegt Ontarios bestes Skigebiet. Mit dem Veranstalter Scenic Caves Nature Adventures kann man die Kalkstein- und Eishöhlen erkunden oder über die längste Fußgängerhängebrücke in Ontario spazieren.

Tagestour

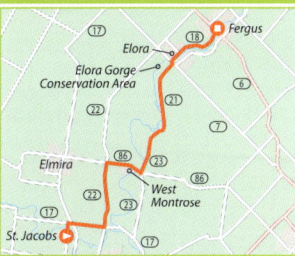

▶ Vormittags

Beginnen Sie den Tag auf den Farmers' and Flea Markets in **St. Jacobs** und schlendern Sie an den über 600 Ständen entlang. Nachdem Sie sich mit Verpflegung eingedeckt haben, gehen Sie über den Parkplatz zum Trolley Shop und unternehmen eine 75-minütige Fahrt mit der Pferdekutsche durch das Land der Mennoniten (Apr – Okt).

Danach fahren Sie zum Visitor Centre (1406 King St N) und sehen sich einen Kurzfilm über die Mennoniten und eine Fotoausstellung an. Im Stone Crock (Nr. 1396) können Sie etwas essen.

Nachmittags

Fahren Sie auf der County Road 17 nach Osten. Nach wenigen Kilometern erreichen Sie die Road 22. Dort fahren Sie in Richtung der Route 86. Auf der 86 geht es wieder nach Osten, bis Sie in **West Montrose** angekommen sind. Die dortige Brücke überspannt den Grand River. Über die Route 23, die in die Route 21 übergeht, sind Sie in knapp zehn Minuten in **Elora**.

Dort können Sie in den Läden für Kunsthandwerk und Antiquitäten stöbern und hübsche Häuser sehen, danach in der **Elora Gorge Conservation Area** schwimmen, wandern und picknicken.

Nach einer kurzen Fahrt auf der Route 18 erreichen Sie **Fergus**, einen Ort mit schottischer Geschichte. Essen Sie im Breadalbane Inn aus den 1860er Jahren (487 St Andrew St W).

Siehe Karte S. 100

Hotels auf dem Land

① Langdon Hall Country House Hotel & Spa
Karte P2 ▪ 1 Langdon Dr, Cambridge ▪ 1-519-740-2100 ▪ www.langdonhall.ca ▪ $$

Das Hotel bietet gut ausgestattete Zimmer, reizende Gärten, ein Spa und exzellente Küche *(siehe S. 107)*.

② Prince of Wales
Karte Q3 ▪ 6 Picton St, Niagara-on-the-Lake ▪ 1-905-468-3246 ▪ www.vintage-hotels.com ▪ $$

Gäste können sich in diesem Hotel auf tadellosen Service, ein Spa und eine Weinkarte, die der Qualität der Küche nicht nachsteht, freuen.

Schlafzimmer im Prince of Wales

③ The Little Inn of Bayfield
Karte N2 ▪ 26 Main St, Bayfield ▪ 1-519-565-2611 ▪ www.littleinn.com ▪ $$

Das Inn beim Lake Huron eröffnete im Jahr 1832 als Kutschenhaus. Es ist mit Recht stolz auf sein Restaurant. Die Zimmer sind mit antiken Möbeln ausgestattet.

④ Hockley Valley Resort
Karte P2 ▪ 793522 3rd Line EHS, Mono ▪ 1-519-942-0754 ▪ www.hockley.com ▪ $$

Skifahrer, Langläufer, Golfer, Tennisspieler und Wanderer schätzen die Ferienanlage im Tal sehr. Hier gibt es auch ein gutes Spa.

⑤ Sherwood Inn
Karte Q1 ▪ 1090 Sherwood Rd, Port Carling ▪ 1-866-844-2228 ▪ www.sherwoodinn.ca ▪ $

Das Hotel am Lake Joseph verfügt über Cottages und liegt ideal für Ausflüge in die Umgebung.

⑥ Inn on the Twenty
Karte Q3 ▪ 3845 Main St, Jordan ▪ 1-905-562-5336 ▪ www.innonthetwenty.com ▪ $$

Das Luxus-Inn mit Suiten sowie Wein- und Spa-Paketen liegt im Weinanbaugebiet Niagara.

⑦ Deerhurst Resort
Karte Q1 ▪ 1235 Deerhurst Dr, Huntsville ▪ 1-705-789-6411 ▪ www.deerhurstresort.com ▪ $$

In der über 300 Hektar großen Ferienanlage an einem See in Muskoka fühlen sich Familien und Pärchen besonders wohl.

⑧ The Oban Inn
Karte Q3 ▪ 160 Front St, Niagara-on-the-Lake ▪ 1-905-468-2165 ▪ www.obaninn.ca ▪ $$

Das Inn oberhalb des Lake Ontario bietet schöne Gärten und Zimmer sowie ein Spitzenrestaurant. Zu Fuß ist man schnell in der Stadt.

⑨ Benmiller Inn & Spa
Karte N2 ▪ 81175 Benmiller Line ▪ 1-519-524-2191 ▪ www.benmiller.ca ▪ $$

Das Inn mit Spa nahe den Stränden am Lake Huron kombiniert Eleganz und ländlichen Charme.

⑩ The Westover Inn
Karte P2 ▪ 300 Thomas St, St. Mary's ▪ 1-519-284-2977 ▪ www.westoverinn.com ▪ $$

Das viktorianische Haus, einst ein Priesterseminar, bietet komfortable Zimmer in einem ruhigen Dorf.

Shopping

(1) Bauernmärkte
www.farmersmarketsontario.com

Von Juni bis Oktober, meist samstagvormittags, bieten einheimische Bauern ihre Produkte an: Farnspitzen, weißen Spargel, Blaubeeren, Pilze und vieles mehr. In Ontario gibt es rund 150 solcher Märkte.

(2) Wein
Sehr guter Wein kommt von den Weingütern der Niagara-Halbinsel *(siehe S. 106)*.

(3) Brauereien
Karte P2 ■ Neustadt Springs: 456 Jacob St, Neustadt ■ 1-519-799-5790

Ontarios Kleinbrauereien sind beliebt und erfolgreich. Viele, u.a. Neustadt Springs, bieten Führungen und Verkostungen an.

(4) Quilts
Karte P2 ■ St. Jacobs Mennonite Quilts: 1389 King St N, St. Jacobs ■ 1-519-664-1817

Die wohl besten Quilts gibt es in St. Jacobs zu kaufen. Hier fertigen Mennonitinnen diese schönen und haltbaren Decken in Handarbeit. Sie sollten unbedingt bei St. Jacobs Mennonite Quilts vorbeischauen.

Greaves-Marmelade

(5) Fabrikverkauf
Karte Q3 ■ Canada One: 7500 Lundy's Lane, Niagara Falls ■ 1-905-356-8989

Erstehen Sie Markenprodukte von Guess, Roots und Nike zu Schnäppchenpreisen.

(6) Obst & Marmelade
Karte Q3 ■ Greaves Jams & Marmalades: 55 Queen St, Niagara-on-the-Lake ■ 1-905-468-7831

Im Sommer und im Herbst säumen zahlreiche Obststände die Straßen im Niagara-Gebiet. Die örtlichen Betriebe stellen daraus köstliche Marmeladen her. Die Produkte von Greaves sind besonders beliebt.

(7) Ahornsirup
Der Sirup aus dem Saft des Zuckerahorns schmeckt köstlich zu Pfannkuchen. Auch Bonbons aus Ahornsirup kann man auf Märkten und in Läden in ganz Ontario kaufen.

(8) Kunst & Kunsthandwerk
Keramik, mundgeblasenes Glas und Schmuck von Künstlern und Kunsthandwerkern aus Ontario werden auf Märkten und Volksfesten sowie in Boutiquen und Galerien angeboten.

(9) Antiquitäten
Vor allem Jordan, St. Jacobs, Erin, Neustadt und Elora sind bekannt für Antiquitätenläden, in denen Möbel, Spielzeug, Silber und Porzellan verkauft werden.

(10) Handgefertigte Möbel
Karte P2

Im Süden Ontarios, besonders rund um Kitchener-Waterloo, stellen Mennoniten robuste Bauernmöbel aus einheimischen Hölzern her. Achten Sie auf Hinweisschilder.

Mennonitin fertigt einen Quilt

Siehe Karte S. 100 ◄

Weingüter

① Vineland Estates Winery
Karte Q3 ■ 3620 Moyer Rd, Vineland ■ 1-888-846-3526
Eines der schönsten Weingüter der Region bietet Führungen und Weinproben an. Hier gibt es ein Kutschenhaus von 1857 sowie ein exzellentes Restaurant.

② Peller Estates Winery
Karte Q3 ■ 290 John St E, Niagara-on-the-Lake ■ 1-888-673-5537
Das Weingut befindet sich in der Hand der dritten Winzergeneration. Bei Führungen wird auch der Weinkeller besichtigt. Es gibt ein Restaurant (siehe S. 107) und einen Laden.

③ Trius Winery at Hillebrand
Karte Q3 ■ 1249 Niagara Stone Rd, Niagara-on-the-Lake ■ 1-800-582-8412
Neben Führungen und Weinproben werden auch Events angeboten, u. a. Jazz- und Blueskonzerte in den Monaten Juli und August.

④ Peninsula Ridge Estates Winery
Karte Q3 ■ 5600 King St W, Beamsville ■ 1-905-563-0900
Der Winzer Jamie Evans produziert sehr gute Weißweine. Das Restaurant (siehe S. 107) ist in einem viktorianischen Haus untergebracht.

⑤ Inniskillin Wines
Karte Q3 ■ Line 3, Service Rd 66, Niagara-on-the-Lake ■ 1-888-466-4754
Das 1975 gegründete Weingut ist vor allem für seine Eisweine bekannt. In einer renovierten Scheune aus den 1920er Jahren gibt es Weinproben und einen Laden.

⑥ Jackson-Triggs Vinters
Karte Q3 ■ 2145 Niagara Stone Rd, Niagara-on-the-Lake ■ 1-905-468-4637
Mehr als auf anderen Weingütern setzt man hier auf moderne Technik. Es werden Führungen und Weinproben angeboten.

⑦ Thirty Bench Wine Makers
Karte Q3 ■ 4281 Mountainview Rd, Beamsville ■ 1-905-563-1698
Das kleine Gut stellt vorzügliche Weine in relativ geringen Mengen her. Probiert wird in einem Bauernhaus mit Blick auf die Weingärten.

⑧ Malivoire Wine Company
Karte Q3 ■ 4260 King St E, Beamsville ■ 1-866-644-2244
Die Region ist vorwiegend für Weißwein bekannt, doch hier entstehen erstklassige Rotweine. Der Wein wird zwischen Tanks verkostet.

⑨ Reif Estate Winery
Karte Q3 ■ 15608 Niagara Pkwy, Niagara-on-the-Lake ■ 1-905-468-7738
Das Familienweingut ist 50 Hektar groß. Im Sommer werden Führungen angeboten. Besucher des Anwesens können auch einen Spaziergang im wunderbar duftenden Wine Sensory Garden genießen.

⑩ Château des Charmes
Karte Q3 ■ 1025 York Rd, Niagara-on-the-Lake ■ 1-905-262-4219
Bereits seit sieben Generationen ist dieses Weingut im Besitz derselben Familie. Neben einem Verkostungsraum und einem Laden gibt es auch einen zauberhaften Rosengarten.

Château des Charmes

Restaurants

(1) Eigensinn Farm
Karte P1 ■ RR 2, Singhampton
■ 1-519-922-3128 ■ $$$

Michael Stadländer serviert in seinem gemütlichen Farmhaus exquisite Menüs aus Biozutaten. Die Preise spiegeln das Ambiente wider.

(2) Rundles
Karte P2 ■ 9 Cobourg St, Stratford ■ 1-519-271-6442 ■ Mai – Okt ■ $$$

Diese Institution bringt Klassiker wie Brathähnchen oder pochierten Lachs sowie kreative Menüs für Feinschmecker auf den Tisch.

Restaurant der Peller Estates Winery

(3) Peller Estates Winery
Karte Q3 ■ 290 John St E, Niagara-on-the-Lake ■ 1-888-673-5537 ■ $$$

Hier kann man leckere Fünf- oder Sieben-Gänge-Menüs mit Blick auf das Weingut (siehe S. 106) genießen.

(4) Langdon Hall
Karte P2 ■ 1 Langdon Dr, Cambridge ■ 1-800-268-1898 ■ www.langdonhall.ca ■ $$

Jason Bangerter verwöhnt seine Gäste mit Gerichten aus regionalen Zutaten. Das prächtige Haus animiert Sie vielleicht dazu, über Nacht zu bleiben (siehe S. 104).

Preiskategorien
Preis für ein Drei-Gänge-Menü pro Person mit einer halben Flasche Hauswein, inkl. Steuern und Service.

$ unter 50 $ $$ 50 – 120 $ $$$ über 120 $

(5) The Prune
Karte P2 ■ 151 Albert St (Shaw Club Hotel), Stratford ■ 1-519-271-5052 ■ Ende Apr – Anfang Nov ■ $$

Die kanadische Küche ist exzellent, die Weine sind edel. Entscheiden Sie selbst, wie viele Gänge Ihr Festpreismenü haben soll.

(6) Tiara
Karte Q3 ■ 155 Byron St, Niagara-on-the-Lake ■ 1-905-468-2195 ■ $$

Das gehobene Hotelrestaurant serviert u. a. köstliche Fischgerichte. Zu empfehlen sind auch die Lamm- und Hummergerichte.

(7) The Kitchen House at Peninsula Ridge
Karte Q3 ■ 5600 King St W, Beamsville ■ 1-905-563-0900 ■ $$

Das Restaurant in einem Queen-Anne-Ziegelhaus steht für gehobene Küche. Es gehört zur Peninsula Ridge Estates Winery (siehe S. 106).

(8) Bijou
Karte P2 ■ 105 Erie St, Stratford ■ 1-519-273-5000 ■ $$

Die Einrichtung ist eigenwillig, die Küche modern französisch.

(9) Zees Grill
Karte Q3 ■ 92 Picton St, Niagara-on-the-Lake ■ 1-905-468-5715 ■ $$

Zees Grill steht, wie die Region, für Lebensmittel und Weine höchster Qualität. Es gibt eine große Terrasse.

(10) Thyme on 21
Karte N2 ■ 80 Hamilton St, Goderich ■ 1-519-524-4171 ■ $$

Das zwanglose Restaurant in einem prächtigen viktorianischen Haus bereitet traditionelle Gerichte zu.

Siehe Karte S. 100 ←

Reise-Infos

Flight Stop, Michael Snows Darstellung fliegender
Kanadagänse von 1979 im CF Toronto Eaton Centre

Anreise & In Toronto unterwegs

Anreise mit dem Flugzeug

Auf dem **Toronto Pearson International Airport** (YYZ), Kanadas größtem und verkehrsreichstem Flughafen 26 Kilometer nordwestlich von Downtown, landen die meisten Flüge aus dem Ausland. Kurzstreckenflüge per Turboprob haben häufig auch den viel kleineren **Billy Bishop Toronto City Airport** (YTZ) auf den Toronto Islands zum Ziel.

Der **UP Express** verbindet den Toronto Pearson International Airport mit der Union Station. Die Züge fahren zwischen 5.30 und 1 Uhr alle 15 Minuten und benötigen für die Strecke insgesamt 25 Minuten. Mit der aufladbaren kontaktlosen Smartcard **Presto** können Fahrten mit öffentlichen Verkehrsmitteln in und um Toronto bezahlt werden. Spezielle Karten für Kinder, Studenten und Senioren gewähren einen ermäßigten Fahrpreis.

Am Flughafen Pearson warten vor der Ankunftshalle Limousinen (Festpreis) und Taxis (Festpreis oder Taxameter). Meiden Sie Taxifahrer, die im Flughafen um Fahrgäste werben – sie haben meist keine Lizenz. Busse der TTC (Toronto Transit Commission) und von GO Transit steuern diverse Ziele in der Region an.

Der Billy-Bishop-Flughafen ist per Fähre, Fußgängertunnel und kostenlosem Shuttlebus mit dem Festland verbunden. An beiden Flughäfen sind Mietwagen verfügbar.

Anreise mit dem Zug

Die Union Station ist Haltestelle für **Amtrak**-Züge aus den USA und Züge der kanadischen **VIA Rail** sowie Drehkreuz für U-Bahnen und Regionalbusse von **GO Transit**.

Anreise mit dem Bus

Busse von **Greyhound** und **Megabus** aus den USA und anderen Städten Kanadas fahren zum **Toronto Coach Terminal**.

U-Bahn, Bus & Straßenbahn

Die **Toronto Transit Commission** (TTC) betreibt ein gut funktionierendes Netz aus U-Bahnen, Bussen und Straßenbahnen. Ein Einzelticket gilt für jede Strecke innerhalb von Toronto, unabhängig von der Entfernung inklusive Umsteigen. Für Fahrten über die Stadtgrenze hinweg wird ein Aufpreis fällig. Eventuell lohnt sich der Kauf einer Tageskarte oder einer Presto-Card.

S-Bahn

S-Bahnen von **GO Transit** in den Großräumen Toronto und Hamilton eignen sich gut für Besuche der Niagara Falls. An Sommerwochenenden gibt es Direktverbindungen, sonst fahren Regionalbusse.

Taxi & Fahrdienstleister

Taxis kann man telefonisch bestellen oder in den Hauptstraßen von Downtown heranwinken. Die Stadt legt die Tarife fest. Die Fahrer erhalten üblicherweise 15 bis 20 Prozent Trinkgeld. Zu empfehlen sind Taxis von **Beck Taxi**, **Co-op Cabs** und **Diamond Taxi**. Günstiger ist der Fahrdienstleister **Uber**.

Auto

Mit einem gültigen nationalen Führerschein darf in Ontario bis zu drei Monate nach Einreisedatum gefahren werden. Vorsorglich wird auch der internationale Führerschein empfohlen.

Eine Kfz-Haftpflichtversicherung ist in Ontario Pflicht und muss stets nachgewiesen werden können. Überprüfen Sie, ob Ihre Versicherung auch Mietwagen abdeckt. Die Mietwagenfirmen in Kanada bieten meist Haftpflicht- und Kaskoversicherungen an. Es werden beide empfohlen.

In Toronto kommt man als Autofahrer gut zurecht. Da die Straßen jedoch oft verstopft sind (Hwy 401 zählt zu den verkehrsreichsten in Nordamerika) und die Parkgebühren hoch, sollte man öffentliche Verkehrsmittel nutzen. Ein Auto rentiert sich nur bei Zielen außerhalb der Stadtgrenze.

Es ist verboten, am Steuer das Handy zu nutzen. Straßenbahnen dürfen an Haltestellen nicht überholt werden, die deren Türen geschlossen sind. Weitere Informationen bietet die Website **Drive in Ontario: Visitors.**

Fahrrad

Bike Share Toronto verleiht Fahrräder an Stationen in der ganzen Stadt. Die Preise sind vernünftig, solange man sich auf Kurzstrecken beschränkt und das Fahrrad danach sofort wieder abgibt. Eine längere Nutzungsdauer treibt die Kosten in die Höhe. Bei Kindern, im Gegensatz zu Erwachsenen, besteht Helmpflicht. Achten Sie auf Straßenbahnschienen.

Fähre

An der Bay Street legen die Fähren zu den Toronto Islands ab. Die Fahrt dauert ca. 15 Minuten. Über die **Fahrpläne** können Sie sich online und telefonisch informieren. Zum Jack Layton Ferry Terminal an der Haltestelle Queens Quay fahren die Straßenbahnen 509 Harbourfront und 510 Spadina sowie der TTC-Bus 6 Bay Southbound.

Zu Fuß

Toronto lässt sich hervorragend zu Fuß erkunden. In den gitternetzartigen Straßen ist es fast unmöglich, sich zu verirren. Im PATH-System kann man der Kälte entkommen. Überqueren Sie Straßen nur an Ampeln oder Fußgängerüberwegen. Achten Sie dabei auf Autos, die auch bei Rot rechts abbiegen dürfen. Fußgänger haben Vorrang, doch nicht jeder Autofahrer hält sich daran.

Touren

City Sightseeing Toronto bietet eine Rundfahrt mit Bus und Schiff durch Downtown und im Hafen an. Diese kann mit einer Fahrt zu den Niagara Falls kombiniert werden. Hafenrundfahrten und Ausflüge auf dem Lake Ontario sind u. a. bei **Get Your Guide**, **Toronto Harbour Cruises** und **Toronto Tours** erhältlich. **Tallship Cruises Toronto** organisiert Touren an Bord eines Dreimasters.

Anreise mit dem Flugzeug

Billy Bishop Toronto City Airport
🌐 billybishopairport.com

Presto
🌐 prestocard.ca

Toronto Pearson International Airport
☎ 1-416-247-7678 oder 1-866-207-1690 (Fluginformation)
🌐 torontopearson.com

UP Express
🌐 upexpress.com

Anreise mit dem Zug

Amtrak
🌐 amtrak.com

GO Transit
🌐 gotransit.com

VIA Rail
🌐 viarail.ca

Anreise mit dem Bus

Greyhound
🌐 greyhound.ca

Megabus
🌐 ca.megabus.com

Toronto Coach Terminal
Karte K3 ▪ 610 Bay St

U-Bahn, Bus & Straßenbahn

Toronto Transit Commission (TTC)
☎ 1-416-393-4000
🌐 ttc.ca

S-Bahn

GO Transit
🌐 gotransit.com

Taxi & Fahrdienstleister

Beck Taxi
☎ 1-416-751-5555

Co-op Cabs
☎ 1-416-240-0000
☎ 1-416-504-2667

Diamond Taxi
☎ 1-416-366-6868

Uber
🌐 uber.com/cities/toronto

Auto

Drive in Ontario: Visitors
🌐 ontario.ca/page/drive-ontario-visitors

Fahrrad

Bike Share Toronto
🌐 bikesharetoronto.com

Fähre

Fahrpläne
☎ 1-416-392-8193
🌐 toronto.ca/all-ferry-schedules

Zu Fuß

PATH
🌐 torontopath.com

Touren

City Sightseeing Toronto
🌐 citysightseeingtoronto.com

Get Your Guide
🌐 getyourguide.de

Tallship Cruises Toronto
🌐 tallshipcruisestoronto.com

Toronto Harbour Cruises
🌐 torontoharbour.com

Toronto Tours
🌐 torontotours.ca

Praktische Hinweise

Einreise

Deutsche, Österreicher und Schweizer dürfen ohne Visum einreisen. Wer nach Kanada fliegt oder im Land zwischenlandet, benötigt jedoch eine **eTA (Electronic Travel Authorization)**. Dies gilt auch für Kinder. Die Einreiseerlaubnis muss online beantragt und per Kreditkarte bezahlt werden (7 $). Die meisten Bewerber erhalten ihre eTA innerhalb von wenigen Minuten per E-Mail. Die eTA ist mit einem gültigen Reisepass verbunden und gilt maximal fünf Jahre. Bei Einreise per Auto, Bus, Zug oder Schiff ist ein gültiger Reisepass, jedoch keine eTA erforderlich.

Zoll

Zollfrei sind bis zu 200 Zigaretten oder 50 Zigarren oder 200 Gramm Tabak (Mindestalter 18 Jahre) sowie 1,1 Liter Spirituosen oder 1,5 Liter Wein oder etwa acht Liter Bier (Mindestalter in Ontario 19 Jahre). Nahrungsmittel und landwirtschaftliche Produkte müssen deklariert werden. Die **Canada Border Services Agency** bietet aktuelle Informationen.

Reise- & Sicherheitshinweise

Deutsche, Österreicher und Schweizer erhalten auf den Websites ihrer Außenministerien Reisehinweise und Informationen über die aktuelle Sicherheitslage.

Versicherung

Der Standard der medizinischen Versorgung ist exzellent, allerdings müssen Behandlungen bei Ärzten und in Krankenhäusern sofort bar oder mit Kreditkarte bezahlt werden. Krankenhauskosten werden nach Tagessatz, dem Zustand des Patienten und der Dauer des Aufenthalts berechnet. Es ist deshalb wichtig, eine Reisekrankenversicherung abzuschließen, die auch einen eventuell erforderlichen Rücktransport abdeckt.

Gesundheit

In Toronto lauern keine ernsthaften Gefahren für die Gesundheit. Im Sommer ist es ratsam, sich vor der Sonne zu schützen. Es gibt keine Giftschlangen und nur wenige gefährliche Insekten. Bei steigenden Temperaturen können jedoch Moskitos zur Plage werden. Ontario ist Tollwutgebiet: Suchen Sie umgehend einen Arzt auf, sollten Sie von einem Haus- oder Wildtier gebissen oder gekratzt werden. Halten Sie auch bei zahm wirkenden Wildtieren Abstand. Vermeiden Sie im Wald oder im hohen Gras den Kontakt mit Bärenklau oder giftigem Efeu – er kann zu Ausschlag, Quaddeln und Blasen führen.

Bei kleinen Beschwerden können Apotheken weiterhelfen. Sie sind meist von 9 bis 21 oder 22 Uhr geöffnet, manche auch rund um die Uhr,

z. B. **Shoppers Drug Mart** an der Ecke Yonge und Carlton Street.

Die Krankenhäuser **Toronto General Hospital**, **St. Michael's Hospital**, **Mount Sinai Hospital**, **SickKids** und **Michael Garron Hospital** verfügen über eine 24 Stunden zugängliche Notaufnahme.

Bei Zahnschmerzen können Sie sich an die **Toronto Academy of Dentistry** bzw. außerhalb der Praxiszeiten an die Notaufnahmen der Krankenhäuser wenden.

Notfälle

Wählen Sie die Telefonnummer 911, falls Sie die **Polizei**, die **Feuerwehr** oder einen **Notarzt** benötigen. In weniger dringenden Fällen bietet die **Toronto Police** eigene Rufnummern, u. a. für Hörgeschädigte.

Persönliche Sicherheit

In Toronto muss man sich generell keine Sorgen um seine Sicherheit machen. Wie in jeder großen Stadt sind jedoch auch hier Taschendiebe unterwegs, vor allem an belebten Orten wie Shoppingmalls. Lassen Sie sich nicht ablenken, wenn Sie zum Beispiel angerempelt werden. Nehmen Sie nur die benötigte Menge Bargeld mit und tragen Sie Ihre Brieftasche am Körper. Seien Sie umsichtig, wenn Sie an einem Geldautomaten Bargeld abheben. Achten Sie am Flughafen, an Bushaltestellen, am Bahnhof und beim

Ein- oder Auschecken im Hotel auf Ihr Gepäck und bewahren Sie Wertsachen im Hotelsafe auf.

Planen Sie Touren mit einem Stadtplan oder per GPS-Navigation. Meiden Sie nachts schlecht beleuchtete Gegenden und nehmen Sie stets Bargeld für ein Taxi mit.

Alkohol

Das Mindestalter für den Genuss von Alkohol liegt in Ontario bei 19 Jahren. Flaschen mit alkoholischem Inhalt dürfen in der Öffentlichkeit nicht geöffnet werden. Ausnahmen gelten für abgegrenzte Bereiche bei Großveranstaltungen. Der Verkauf von alkoholischen Getränken ist beschränkt auf die Shops des **LCBO** (Liquor Control Board of Ontario: Bier, Wein und Spirituosen), **The Beer Store** (Bier und Alcopops) und kleinere Weinläden.

Rauchen

Toronto ist rauchfrei. Außer in ausgewiesenen Zonen, ist das Rauchen verboten – auch im Auto, wenn einer der Mitfahrer jünger als 16 Jahre ist.

Behinderte Reisende

Große Veranstaltungsorte sind in der Regel gut auf behinderte Besucher eingestellt. Auf den Linien 509 Harbourfront und 510 Spadina werden mittlerweile auch rollstuhlgerechte Straßenbahnen eingesetzt. U-Bahn-Stationen werden ebenfalls vermehrt behindertengerecht ausgestattet. Die TTC betreibt Niederflurbusse. In älteren Fahrzeugen gibt es am vorderen Einstieg eine Rampe.

Information

Die **City of Toronto** und **Tourism Toronto** haben informative Websites. In der Union Station sind eine Besucherinformation sowie die **Travellers' Aid Society** zu finden.

Auf Bewertungsportalen im Internet kann man sich nach Sehenswürdigkeiten und Restaurants erkundigen. Denken Sie jedoch daran, dass solche Berichte meist von Privatleuten stammen und subjektiv sind.

Konsulate

Deutschland
Karte D3 ▣ 2 Bloor St E, 25th Floor, Toronto, ON, M4W 1A8
☎ 1-416-925-2813
🌐 toronto.diplo.de

Österreich
Karte D1 ▣ 30 St. Clair Ave W, Suite 1402, Toronto, ON, M4V 3A1
☎ 1-416-967-4867

Schweiz
Karte D3 ▣ 175 Bloor St E, North Tower, Suite 901, Toronto, ON, M4W 3R8
☎ 1-905-939-0922

Einreise

eTA (Electronic Travel Authorization)
🌐 cic.gc.ca/english/visit/eta-facts-de.asp

Zoll

Canada Border Services Agency
🌐 cbsa-asfc.gc.ca

Reise- & Sicherheitshinweise
🌐 auswaertiges-amt.de
🌐 bmeia.gv.at
🌐 eda.admin.ch

Gesundheit

Michael Garron Hospital
825 Coxwell Ave
☎ 1-416-461-8272
🌐 tegh.on.ca

Mount Sinai Hospital
600 University Ave
☎ 1-416-586-5054
🌐 mountsinai.on.ca

Shoppers Drug Mart
465 Yonge St
☎ 1-416-408-4000
🌐 shoppersdrugmart.ca

SickKids
555 University Ave
☎ 1-416-813-1500
🌐 sickkids.ca

St. Michael's Hospital
30 Bond St
☎ 1-416-360-4000
🌐 stmichaelshospital.com

Toronto Academy of Dentistry
☎ 1-416-967-1178
🌐 tordent.com

Toronto General Hospital
200 Elizabeth St
☎ 1-416-340-3131
🌐 uhn.ca

Notfälle

Polizei, Feuerwehr & Notarzt
☎ 911

Toronto Police (keine Notfälle)
☎ 1-416-808-2222
☎ 1-416-467-0493 (Hörgeschädigte)

Alkohol

LCBO
🌐 lcbo.com

The Beer Store
🌐 thebeerstore.ca

Information

City of Toronto
🌐 toronto.ca

Tourism Toronto
🌐 seetorontonow.com

Travellers' Aid Society
🌐 travellersaid.ca

Geld

Der Kanadische Dollar ist unterteilt in 100 Cent. Münzen gibt es im Wert von 5 *(nickel)*, 10 *(dime)* und 25 Cent *(quarter)* sowie 1 *(loonie)* und 2 Dollar *(toonie)*. 1-Cent-Münzen werden nicht mehr ausgegeben und Beträge auf den nächsten vollen 5-Cent-Betrag auf- oder abgerundet. Banknoten gibt es im Wert von 5, 10, 20, 50 und 100 Dollar. Neuere Geldscheine bestehen aus Kunststoff.

In Toronto bieten die Banken die besten Wechselkurse. Am Flughafen ist der Umtausch von Fremdwährungen nicht zu empfehlen. An Geldautomaten (ATMs) kann man rund um die Uhr Dollar abheben. Sie akzeptieren mit PIN gekoppelte Kreditkarten und girocards mit Maestro-Logo. Lehnen Sie die Option »Sofortumrechnung« möglichst ab, da hier durch einen extrem schlechten Wechselkurs hohe Kosten entstehen. Debitkarten mit VPay-Logo funktionieren nicht.

Kreditkarten von Visa und MasterCard werden weitgehend akzeptiert. Mit American Express und Diners Club kann es dagegen gelegentlich Probleme geben.

Kommunikation

Bei Telefonaten innerhalb von Kanada wählen Sie unabhängig von Ihrem Standort mit Handy oder Festnetztelefon immer zuerst die 1, dann den dreistelligen *area code* (z. B. 416 oder 647 für Toronto) und schließlich die siebenstellige Tele-

fonnummer. Für Auslandsgespräche wählen Sie erst 011, anschließend die Ländervorwahl (D: 49; A: 43; CH: 41), die Ortsvorwahl (ohne 0) und die Rufnummer.

Aktuelle Smartphone-Modelle funktionieren in Kanada. Mobiltelefonate sind allerdings teurer als in Europa. Schalten Sie während des Aufenthalts das kostspielige Daten-Roaming ab. Mobilfunkprovider wie **Fido**, **Koodo** und **Rogers** bieten Prepaid-Tarife an.

WLAN ist in vielen Hotels, Restaurants und Coffeeshops gratis verfügbar. Die gemeinnützige Vereinigung **Wireless Toronto** hat es sich zur Aufgabe gemacht, an so vielen öffentlichen Plätzen in Toronto wie möglich kostenloses WLAN zur Verfügung zu stellen.

Post

Kanadische Postschalter sind in der Regel in Apotheken untergebracht. Briefmarken gibt es oft auch an Tankstellen und in Lebensmittelläden.

Zeitungen, Radio & TV

In Toronto werden die beiden kanadischen Tageszeitungen *The Globe and Mail* und *Toronto Star* herausgegeben. Das an Automaten sowie in Cafés, Bars, Bibliotheken und Buchläden kostenlos erhältliche Wochenmagazin *Now* ist die vielleicht beste Informationsquelle für die lokale Musik- und Kunstszene. Das monatlich erscheinende Magazin *Toronto Life* ist ebenfalls empfehlenswert.

Die staatliche Rundfunkanstalt **CBC** bringt Nachrichten im Radio, im TV und auf ihrer Website. In den Sendungen von **CBC Radio** dreht sich viel um die kanadische Kultur. Nachrichten und Reportagen aus Toronto laufen auf **CityTV**.

Strom

Die Stromspannung beträgt in Kanada 120 Volt / 60 Hz. Für die meisten 230-Volt-Geräte ist ein extra Spannungswandler nötig. Dieser ist ebenso wie der Adapter mit zwei Flachstiften für kanadische Steckdosen an Flughäfen und Bahnhöfen sowie in Elektronikläden und einigen Kaufhäusern erhältlich.

Zeitzone

Toronto liegt in der Zeitzone Eastern Standard Time (EST), also sechs Stunden vor der Mitteleuropäischen Zeit (MEZ). Die Sommerzeit dauert vom zweiten Sonntag im März bis zum ersten Sonntag im November.

Klima

Die Lage am Lake Ontario im Süden Kanadas macht Toronto zu einer der wärmeren Städte des Landes. Besucher sind oft überrascht, wie heiß und schwül es im Sommer werden kann. Der schnelle Temperaturrückgang im Herbst führt bei den Laubbäumen zu einer intensiven Blattverfärbung (Mitte Okt.). Im Winter kann Dauerfrost dazu führen, dass der Boden von Dezember bis März mit Eis und Schnee bedeckt ist. Die Wettervorhersagen berücksichtigen in der Regel auch die zu erwartende gefühlte Lufttemperatur.

Shopping

Die meisten Läden sind montags bis samstags von 10 bis 18 Uhr geöffnet (Do und Fr auch länger). Kaufhäuser und Shoppingmalls haben häufig längere Öffnungszeiten: montags bis samstags von 10 bis 21 Uhr, sonntags von 12 bis 17 Uhr. An Feiertagen wie Weihnachten, Neujahr, Canada Day, Labour Day und Thanksgiving bleiben viele Läden geschlossen.

Saisonale Schlussverkäufe sind immer für ein Schnäppchen gut. Besonders am Boxing Day (26. Dez) werden in vielen Läden die Preise drastisch gesenkt.

In Kanada enthalten die ausgezeichneten Preise keine Steuer. In Ontario werden meist 13 Prozent HST (Harmonized Sales Tax) addiert. Grundnahrungsmittel sind steuerfrei, bei manchen Waren, etwa bei Kinderkleidung, wird ein ermäßigter Steuersatz fällig.

Hotels

Über Onlinebuchungsportale kann man selbst in den teureren Hotels von Toronto Zimmer zum Schnäppchenpreis ergattern. Viele preiswerte Hotels sind in Downtown zu finden. **Airbnb** vermittelt private Wohnungen und Apartments zu meist günstigen Preisen.

In Ontario kommen zu den angegebenen Hotelpreisen noch 13 Prozent

HST (Harmonized Sales Tax) hinzu. Informationen hierzu liefert die **Canada Revenue Agency**. Manche Unterkünfte in Toronto berechnen zusätzlich eine Destination Marketing Fee von drei Prozent.

Hotelpreise hängen von der Kategorie, dem Wochentag und der Saison ab. Wochentags und von April bis Dezember sind die Preise in der Regel am höchsten. Dieser Reiseführer gibt Richtwerte an. Bei Onlinebuchungen gibt es häufig Nachlässe.

Kofferträger und Pagen sollten pro Gepäckstück einen Dollar Trinkgeld erhalten. Bei Zimmermädchen sind zwei bis drei Dollar pro Tag üblich (fünf Dollar in Luxushotels). Der Türsteher eines Hotels freut sich ebenfalls über einen oder zwei Dollar für seine Dienste.

Restaurants

Die meisten Restaurants nehmen Reservierungen an. In beliebten und gut

besuchten Lokalen ist eine rechtzeitige Reservierung zu empfehlen. Hierbei sollten Sie Wünsche äußern, z. B. wenn Sie eine Diät einhalten müssen. Geben Sie Bescheid, sollten Sie den reservierten Tisch doch nicht benötigen.

In den meisten Restaurants, Cafés und Clubs ist Trinkgeld nicht in der Rechnung inbegriffen. Planen Sie 15 Prozent des Rechnungsbetrages vor Steuern ein. Barkeeper erhalten in der Regel einen oder zwei Dollar.

Restaurants und Cafés servieren Frühstück in der Regel von 6 bis 10 Uhr, Mittagessen von 11.30 bis 14 Uhr und Abendessen zwischen 17 und 22 Uhr. Viele Restaurants und Pubs bieten »Late-Night-Menüs« an. Brunchen kann man oft nur an Wochenenden – oder auch nur sonntags – zwischen 11 und 14 Uhr. Einige Restaurants sind sonntags und / oder montags geschlossen.

Kartenverlust

Allgemeiner Notruf
☎ 01149-116-116

American Express
☎ 1-800-869-3016

Diners Club
☎ 1-866-890-9552

MasterCard
☎ 1-800-307-7309

Visa
☎ 1-800-847-2911

girocard
☎ 01149-69-740-987

Kommunikation

Fido
🔲 fido.ca

Koodoo
🔲 koodomobile.com

Rogers
🔲 rogers.com

Wireless Toronto
🔲 wirelesstoronto.ca

Zeitungen, Radio & TV

CBC & CBC Radio
🔲 cbc.ca

CityTV
🔲 citytv.com/toronto

The Globe and Mail
🔲 theglobeandmail.com

Now
🔲 nowtoronto.com

Toronto Life
🔲 torontolife.com

Toronto Star
🔲 thestar.com

Hotels

Airbnb
🔲 airbnb.ca/toronto

Canada Revenue Agency
🔲 cra-arc.gc.ca

Hotels

Luxushotels

The Omni King Edward Hotel

Karte L4 ■ 37 King St E
■ 1-416-863-9700 ■ www.
omnihotels.com/hotels/
toronto-king-edward ■ $$
Das 1903 eröffnete, liebe-
voll »The King Eddy« ge-
nannte Grandhotel bietet
elegante Zimmer, zuvor-
kommenden Service, ein
Spa und alle erdenklichen
Annehmlichkeiten.

Park Hyatt Toronto

Karte C3 ■ 4 Avenue Rd
■ 1-416-925-1234 ■ www.
toronto.park.hyatt.com
■ $$
Geräumige Luxuszimmer
mit Marmorbädern und
Highspeed-Internet, auf-
merksamer Service und
die zentrale Lage in Yorkville machen dieses No-
belhotel überaus beliebt.
Von der Roof Lounge
(siehe S. 57) hat man eine
umwerfende Aussicht auf
die Stadt. Das feudale
Stillwater gehört zu den
besten Spas in Toronto.

Delta Hotels Toronto

Karte K5 ■ 75 Lower Sim-
coe St ■ 1-416-849-1200
■ www.marriott.com ■ $$$
Das ultramoderne Hotel
an der Harbourfront mit
Zugang zur Union Station
und zum PATH-System
bietet einen fantastischen
Seeblick. Die Annehm-
lichkeiten beinhalten ein
rund um die Uhr geöff-
netes Fitnesscenter mit
Blick auf den CN Tower.

Fairmont Royal York

Karte K5 ■ 100 Front St W
■ 1-416-368-2511
■ www.fairmont.com/
royal-york-toronto ■ $$$
Das gegenüber der Union
Station gelegene Haus ist
eine Institution – und das
nun schon seit 1929. Die
prächtige Lobby sah
schon viele Staatsober-
häupter kommen und
gehen. Es gibt ein Spa,
mehrere Restaurants und
Bars, darunter auch die
gemütliche Library Bar
(siehe S. 72).

Ritz-Carlton Hotel

Karte J4 ■ 181 Wellington
St W ■ 1-416-585-2500
■ www.ritzcarlton.com/
en/hotels/canada/toronto
■ $$$
Das Fünf-Sterne-Hotel
im Theaterviertel hat
beim Toronto Internatio-
nal Film Festival einen
Logenplatz am roten Tep-
pich. Das Haus ist dafür
bekannt, Gäste – auch
Kinder (»Ritz Kids«) – zu
verwöhnen. Besonders
luxuriös sind die »Club-
Level«-Zimmer.

Shangri-La Hotel

Karte K4 ■ 188 University
Ave ■ 1-647-788-8888
■ www.shangri-la.com/
toronto ■ $$$
Das moderne Luxushotel
mit eleganten, modernen
Zimmern erstreckt sich
über 17 Etagen. Seiden-
tapeten, Teezimmer und
ein Patio mit japanischem
Garten sorgen für edles
asiatisches Flair.

Businesshotels

DoubleTree by Hilton Hotel Toronto Downtown

Karte K3 ■ 108 Chestnut St
■ 1-416-977-5000 ■ www.
doubletree3.hilton.com
■ $$
Das elegante Luxushotel
macht mit seinen beiden
Restaurants Lai Wah
Heen (siehe S. 54) und
Hemispheres den Auf-
enthalt zum Vergnügen.

One King West Hotel & Residence

Karte K4 ■ 1 King St W
■ 1-416-548-8100 ■ www.
onekingwest.com ■ $$
Das auf das ehemalige,
1914 errichtete Gebäude
der Dominion Bank of
Canada aufgesetzte Hotel
im Financial District bietet ein durchgehend ge-
öffnetes Businesscenter,
ein Bistro, einen Privat-
club und atemberauben-
de Aussicht.

Toronto Marriott Downtown Eaton Centre

Karte K3 ■ 525 Bay St
■ 1-416-597-9200 ■ www.
marriott.com ■ $$
Das 18-stöckige Hotel
beim CF Toronto Eaton
Centre (siehe S. 30f) birgt
Zimmer mit Schreibtisch
und Highspeed-Internet,
ein Businesscenter mit
Sekretariatsservice und
18 Tagungsräume.

The Westin Toronto Airport

Karte A2 ■ 950 Dixon Rd
■ 1-416-675-9444 ■ www.
westintorontoairport.com
■ $$
Das fünf Minuten vom
Toronto Pearson Inter-

national Airport entfernte Hotel bietet u. a. einen Wasserfall in der Lobby, geräumige Zimmer, aufmerksamen Service, ein Hallenbad und ein Fitnesscenter.

The Westin Harbour Castle

Karte K6 ▪ 1 Harbour Sq ▪ 1-416-869-1600 ▪ www.westinharbour castletoronto.com ▪ $$
Das vielstöckige Harbour Castle liegt am Rand von Downtown am Lake Ontario. Die geräumigen Zimmer bieten einen grandiosen Ausblick. Zum Hotel gehören ein Pool, ein Fitnessraum, ein Tennisplatz im Freien und große Tagungsräume.

Hilton Toronto

Karte K4 ▪ 145 Richmond St W ▪ 1-416-869-3456 ▪ www3.hilton.com ▪ $$$
Das Hotel im Financial District verfügt über geräumige Standardzimmer, Suiten für längere Aufenthalte und »Executive«-Zimmer mit Schreibtisch und Bürostuhl.

InterContinental Toronto Centre

Karte J5 ▪ 225 Front St W ▪ 1-416-597-1400 ▪ www. torontocentre.inter continental.com ▪ $$$
Businessausstattung und Service des Hotels beim Metro Toronto Convention Centre sind exzellent. Die 8. Etage ist für den IHG Rewards Club reserviert.

Sheraton Centre Toronto Hotel

Karte K4 ▪ 123 Queen St W ▪ 1-416-361-1000 ▪ www. sheratontoronto.com ▪ $$$
Der Komplex in der Nähe der City Hall wird von

Konferenzteilnehmern und Reisegruppen gleichermaßen frequentiert. Er bietet 1377 Zimmer und effizienten Service.

Boutiquehotels

Madison Manor

Karte C3 ▪ 20 Madison Ave ▪ 1-416-922-5579 ▪ www. madisonmanorboutique hotel.com ▪ $
Das Hotel im viktorianischen Stil mit offenen Kaminen und schönen Fenstern wurde von den Besitzern liebevoll renoviert. Es verströmt das Ambiente eines englischen Landgasthofs.

Broadview Hotel

Karte F4 ▪ 106 Broadview Ave ▪ 1-416-362-8439 ▪ www.thebroadview hotel.ca ▪ $$
Das akribisch restaurierte, 125 Jahre alte Haus im Stil der Neuromanik beherbergt hinter seiner prächtigen Fassade ein hip designtes Hotel mit 58 Zimmern, ein Café, ein Restaurant und eine Dachbar mit grandiosem Ausblick.

Gladstone Hotel

Karte K4 ▪ 1214 Queen St W ▪ 1-416-531-4635 ▪ www.gladstonehotel. com ▪ $$
Die von Künstlern gestalteten Zimmer in diesem freundlichen Hotel sind klein, aber überaus gemütlich. Im Haus gibt es Kunstevents, eine Bar und ein Café.

Old Mill Toronto

Karte A2 ▪ 21 Old Mill Rd ▪ 1-416-236-2641 ▪ www. oldmilltoronto.com ▪ $$
Das Hotel am Humber River, westlich von Downtown, ist ab der U-Bahn-

Station Bloor-Yonge in 20 Minuten, mit dem Auto in 15 Minuten erreichbar. Jedes der 44 luxuriösen Zimmer bietet Blick auf den Fluss, die 13 Suiten befinden sich im alten Mühlengebäude. Ein Spa und ein Wellnesscenter sorgen für zusätzlichen Luxus.

The Hazelton Hotel

Karte C3 ▪ 118 Yorkville Ave ▪ 1-416-963-6300 ▪ www.thehazeltonhotel. com ▪ $$$
Das Fünf-Sterne-Hotel im noblen Yorkville ist ein Liebling des Jetsets. Die Zimmer lassen in Bezug auf Glanz und Pracht keine Wünsche offen, die Bar ist ein Treffpunkt der Prominenz.

SoHo Metropolitan Hotel

Karte J4 ▪ 318 Wellington St W ▪ 1-416-599-8800 ▪ www.metropolitan.com/ soho ▪ $$$
Dieses Hotel im Unterhaltungsviertel ist Luxus pur. Zum Standard gehören Daunenbetten, begehbare Kleiderschränke, extravagante Bäder mit beheizten Marmorböden und zahlreiche Hightechspielereien.

Windsor Arms

Karte C3 ▪ 18 St. Thomas St ▪ 1-416-971-9666 ▪ www. windsorarmshotel.com ▪ $$$
Das elegante Hotel bietet exzellenten Service. Die 28 Zimmer verteilen sich über die ersten vier Etagen eines 14-stöckigen Gebäudes. Gäste genießen das Spa und die Küche des Courtyard Café. Zudem gibt es ein beliebtes Steakhouse und einen Teesalon.

Bed & Breakfast

Au Petit Paris
Karte D3 ■ 3 Selby St
■ 1-416-928-1348 ■ www.
aupetitparis.ca ■ $
Durch das B&B nördlich
von Downtown, etwa
15 Minuten von den geho-
benen Läden in der Bloor
Street und in Yorkville
entfernt, weht ein Hauch
von Paris. Es gibt vier in
Ocker und Rot gehaltene
Zimmer mit Bad. Früh-
stück wird auch auf der
Dachterrasse serviert.

Making Waves Boatel
Karte H6 ■ 539 Queens
Quay W ■ 1-647-403-2764
■ www.boatel.ca ■ $
Auf dem Boot in der Har-
bourfront Marina wiegen
einen die Wellen des Lake
Ontario in den Schlaf. Es
gibt zwei kleine Kajüten,
die sich ein Bad teilen,
und den größeren Bondi
Stateroom mit eigenem
Bad. In der Sky Lounge
genießt man Drinks unter
den Sternen.

McGill Inn B&B
Karte L2 ■ 110 McGill St
■ 1-416-351-1503 ■ www.
mcgillbb.com ■ $
Ein renoviertes viktoria-
nisches Stadthaus birgt
sechs geschmackvoll ein-
gerichtete Zimmer und
zwei Bäder. Die preiswer-
te Unterkunft liegt zen-
tral, nur etwa zehn Geh-
minuten vom CF Toronto
Eaton Centre entfernt.

Pimblett's
Bed and Breakfast
Karte E4 ■ 242 Gerrard St E
■ 1-416-921-6898 ■ www.
pimblett.ca ■ $
In dem viktorianischen
Haus sorgen vier behag-
liche Zimmer im briti-
schen Stil für einen un-
vergesslichen Aufenthalt

in Cabbagetown. Eigen-
tümer Geoffrey Pimblett
tritt auch als Königin von
England auf.

Smiley's B&B
Karte D6 ■ 4 Dacotah Ave
■ 1-416-203-8599 ■ www.
erelda.ca ■ $
Der Belvedere Room im
Dachgeschoss des Häus-
chens auf Algonquin Is-
land lädt zum Kuscheln
ein. Hier kann man die
Ruhe genießen, mit den
Wirtsleuten frühstücken
und die Toronto Islands
erkunden. Im Sommer
steht ein Studio für vier
Personen zur Verfügung.

Annex Garden B&B
Karte B3 ■ 445 Euclid Ave
■ 1-416-258-1179 ■ www.
annexgarden.com ■ $$
Die Lage in Little Italy ist
unschlagbar. Das alte
Haus birgt zwei Gäste-
zimmer und zwei Apart-
ments. Für Behaglichkeit
sorgen Fußbodenheizung
und vier offene Kamine.

By the Park B&B
Karte A2 ■ 92 Indian Grove
■ 1-416-520-6102 ■ www.
bythepark.ca ■ $$
Geräumige Zimmer und
geradezu luxuriös aus-
gestattete Bäder warten
in diesem Haus aus dem
Jahr 1910. Im Sommer
lockt der Garten, im Win-
ter einer der offenen Ka-
mine. Vegetarisches oder
veganes Frühstück sind
inklusive.

Mittelklassehotels

Chelsea Hotel
Karte L2 ■ 33 Gerrard St W
■ 1-416-595-1975 ■ www.
chelseatoronto.com ■ $$
Das mit 1590 Zimmern
größte Hotel Kanadas
wird nicht nur von Ge-
schäftsleuten geschätzt.

Ein Hallenbad mit Was-
serrutsche, Spielbereiche
für Kinder, eine Lounge
mit Spielkonsolen und
ein Billardtisch sorgen
für zufriedene Familien.

Hotel Victoria
Karte L4 ■ 56 Yonge St
■ 1-416-363-1666 ■ www.
hotelvictoria-toronto.com
■ $$
Das Hotel nahe der Union
Station bietet 56 Zimmer,
exzellenten Service und
die Annehmlichkeiten
eines großen Hauses.
Viele Attraktionen sind
in der Nähe.

Delta Hotels Toronto
Airport & Conference
Centre
Karte A2 ■ 655 Dixon Rd
■ 1-416-244-1711 ■ www.
marriott.com ■ $$
Das Hotel in Flughafen-
nähe bietet neben 433 gut
ausgestatteten Zimmern
auch eine Auswahl an
Restaurants und Cafés,
ein Spa, ein Fitnesscenter
und ein Hallenbad mit
Wasserrutschen.

Novotel Toronto
Centre
Karte L5 ■ 45 The Espla-
nade ■ 1-416-367-8900
■ www.accorhotels.com
■ $$
Das Haus liegt in Down-
town nahe vieler Sehens-
würdigkeiten. Es bietet
geräumige, zweckmäßig
ausgestattete Zimmer,
eine reizende Lobby,
einen Fitnessraum und
ein Hallenbad.

Radisson Admiral
Hotel Toronto-
Harbourfront
Karte J6 ■ 294 Queens
Quay W ■ 1-416-203-3333
■ www.radisson.com ■ $$
Helle und geräumige
Zimmer zeichnen das

im Hafengebiet am Lake Ontario gelegene Hotel aus, das von Geschäftsreisenden und Urlaubern gleichermaßen geschätzt wird. Es gibt ein gutes Restaurant sowie eine Dachterrasse mit Pool und Seeblick.

Hyatt Regency Toronto
Karte J4 ▪ 370 King St W ▪ 1-416-343-1234 ▪ www.torontoregency.hyatt.com ▪ $$$

Das umfassend renovierte Hotel befindet sich in der Nähe des Unterhaltungsviertels. Von den Zimmern hat man einen schönen Blick über Downtown und den Lake Ontario.

Preiswerte Hotels & Unterkünfte

Bond Hotel
Karte D4 ▪ 65 Dundas St E ▪ 1-416-362-6061 ▪ www.bondplace.ca ▪ $

Das ideal im Herzen von Downtown, nahe dem CF Toronto Eaton Centre, dem Theaterviertel und vielen anderen Attraktionen gelegene Hotel bietet moderne, gut ausgestattete Zimmer und verfügt darüber hinaus über ein Restaurant.

Hostelling International Niagara Falls
Karte Q3 ▪ 4549 Cataract Ave, Niagara Falls ▪ 1-905-357-0770 ▪ www.hostellingniagara.com ▪ $

Das gut geführte Haus mit Schlafsälen sowie Vierbett-, Doppel- und Einzelzimmern mit Gemeinschaftsbädern liegt nur einen kurzen Spaziergang von den Niagara Falls entfernt.

Hostelling International Toronto
Karte L4 ▪ 76 Church St ▪ 1-416-971-4440 ▪ www.hostellingtoronto.com ▪ $

Die Jugendherberge südlich des Schwulen- und Lesbenviertels zählt zu den günstigsten Übernachtungsmöglichkeiten in Toronto. Sie bietet vorwiegend Schlafsäle, es gibt aber auch ein paar Doppelzimmer mit Bad.

Marriott on the Falls
Karte Q3 ▪ 6755 Fallsview Blvd, Niagara Falls ▪ 1-905-374-1077 ▪ www.marriottonthefalls.com ▪ $

Von den nach Osten gelegenen Zimmern dieses Hochhauses bietet sich ein fantastischer Blick auf die Niagara Falls. Die Zimmer sind groß und gut ausgestattet, das Personal ist überaus nett und hilfsbereit.

Neill-Wycik Backpackers Hotel
Karte M2 ▪ 96 Gerrard St E ▪ 1-416-977-2320 ▪ www.torontobackpackershotel.com ▪ $

Das Studentenwohnheim dient von Mitte Mai bis Mitte August als Herberge. Die Schlafräume und die Gemeinschaftsbäder sind genau das Richtige für Urlauber mit kleinem Budget. Es gibt auch Angebote für Reisegruppen. Wegen der zentralen Lage sind viele Sehenswürdigkeiten der Stadt gut zu Fuß zu erreichen. Frühstück ist inklusive.

The Planet Traveler Hostel
Karte H2 ▪ 357 College St ▪ 1-647-352-8747 ▪ www.theplanettraveler.com ▪ $

Das Hotel gilt als das umweltfreundlichste in Kanada. Die Zimmer in dem 100 Jahre alten Haus sind groß und sauber. Es gibt auch eine Dachbar.

Victoria's Mansion Inn & Guest House
Karte L1 ▪ 68 Gloucester St ▪ 1-416-921-4625 ▪ www.victoriasmansion.com ▪ $

Das reizende kleine Hotel liegt an einer von Bäumen gesäumten Straße mitten im Schwulen- und Lesbenviertel. Der im viktorianischen Stil angelegte Garten ist ein Ort der Ruhe. Alle Zimmer verfügen über ein Bad, die Suiten sind mit Annehmlichkeiten wie Mikrowelle und Kühlschrank ausgestattet. Die Parkplätze sind kostenlos.

Victoria University
Karte D3 ▪ 140 Charles St W ▪ 1-416-585-4524 ▪ www.vicu.utoronto.ca ▪ $

Die Victoria University auf dem Campus der University of Toronto nimmt in ihren Sommerferien von Mitte Mai bis Mitte August Urlauber auf. Wegen der zentralen, aber dennoch ruhigen Lage ist dies ein idealer Ausgangsort, um die Stadt zu erkunden.

Cambridge Suites
Karte L4 ▪ 15 Richmond St E ▪ 1-416-368-1990 ▪ www.cambridgesuitestoronto.com ▪ $$

Das Hotel bietet ausschließlich Suiten mit zwei Zimmern, die mit allem Drum und Dran, u. a. mit Mikrowelle, Kühlschrank und Kaffeemaschine, ausgestattet sind. Der Service des Hauses ist exzellent.

Preiskategorien siehe S. 116

Textregister

Danksagung, Bildnachweis & Impressum

Autoren

Lorraine Johnson lebt in Toronto. Sie verfasste mehrere Bücher und arbeitete u. a. für Dorling Kindersley am *Vis-à-Vis Chicago* mit.

Barbara Hopkinson war als Autorin und Redakteurin für internationale Veröffentlichungen leitend tätig. Auch sie lebt in Toronto.

Mitautor Dan Liebman

Publishing Director Georgina Dee

Publisher Vivien Antwi

Design Director Phil Ormerod

Editorial Ankita Awasthi Tröger, Avanika, Rachel Fox, Maresa Manara, Sally Schafer, Jackie Staddon, Rachel Thompson

Design Tessa Bindloss, Vinita Venugopal

Commissioned Photography
Rough Guides: Enrique Uranga

Picture Research Susie Peachey, Ellen Root, Lucy Sienkowska

Cartography Dominic Beddow, Simonetta Giori, Mohammad Hassan, Casper Morris

DTP Jason Little

Production Poppy Werder-Harris

Factchecker Taraneh Jerven

Proofreader Clare Peel

Indexer Helen Peters

Die Erstauflage wurde realisiert von International Book Productions Inc., Toronto

Bildnachweis

(l = links; r = rechts; o = oben; u = unten; m = Mitte; d = Detail)

Dorling Kindersley dankt den folgenden Personen, Unternehmen und Bildarchiven für die freundliche Erlaubnis, ihre Fotos zu reproduzieren:

123RF.com Lin Chu-Wen 75mro; Adrian Wojcik 4mlu; yelo34 66ol.

Adelaide Hall / Strut Entertainment Matt Vardy 57or.

Aga Khan Museum Janet Kimber 61ml, 96u; Tom Arban Photography 41ml.

Alamy Stock Photo All Canada Photos: Klaus Lang 1, 30–31, Rolf Hicker 35ol; Jon Bilous 22–23; Bill Brooks 17ol, 19ol, 19mlu; Lorne Chapman 3ol, 64–65; Cosmo Condina 4mru; Cosmo Condina North America 35mr; Elena Elisseeva 7or; Gaertner 13ul, 105ul; Bert Hoferichter 18m; Nick Jene 57mlu; maximimages.com 68mlo; Henk Meijer 10ml; Jill Morgan 10mru; National Geographic Creative: Richard Nowitz 16mu; Nikreates 33ul; REUTERS: Roger Bacon 62ur; robertharding: Stuart Dee 77ul; Andrew Rubtsov 4mlo, 14ml; adiseshan shankar 15or; Rosemarie Stennull 69ml, 102–103; Tolbert Photo 4u; Torontonian 3or, 4o, 108–109; Arsalan Uljamil 35mlu; Janusz Wrobel 43or.

ALO Restaurant 56ul.

Art Gallery of Ontario 4mr.

Aunties & Uncles 54mo.

AWL Images Alan Copson 34ul.

Bridgeman Images Art Gallery of Ontario, Toronto, Canada: *Eva* (um 1883) von Auguste Rodin 10ul, *Western Forest* (um 1931) von Emily Carr 20ml, *Figure with Ulu* (1966) von Aqjangajuk Shaa 20ur, *Autumn Leaves, Batchewana, Algoma* (um 1919) von James Edward Hervey MacDonald 20–21; *Venus Simultaneous* (1962) von Michael Snow 21ol, *Das Konzert* (1918–19) von Pierre-Auguste Renoir 21mr, *Hina und Fatu* (um 1892) von Paul Gauguin 74or.

Buca / Gab Communications Rick O'Brien 83u.

Buddies in Bad Times Theatre 53u.

Café Diplomatico 82or.

Caffe Furbo Kevin Bonnici 27ul.

Canadian Opera Company Sam Javanrouh 51ml.

Canada's Wonderland 95or; Graig Abel 48u.

Ceili Cottage 92mro.

CF Toronto Eaton Centre 11mr.

Château des Charmes 106u.

City of Toronto Historic Sites 78mro, 86ol, 94ol, 78mro; Summer Leigh Photography 68u.

Coal Miner's Daughter 80ur.

Corkin Gallery Kunstwerke von David Urban 26ml.

Design Exchange 70o.

Drake Hotel Properties 81mr.

Dreamstime.com Alexsvirid 47u; Amarita 55ur; Appalachianviews 31ol, 44mlo, 44–45, 46ul, 58u, 87ol; Artemzavarzin 16–17; Bokdavid 37ol; Canadapanda 63mlu; Catstail 47mr; Clivechilvers 63ur; Daddiomanottawa 36mlo; Deymos 59ol; Elenathewise 4ml, 103ml; Erandalx 43ul; Fabry10 17ml; Flusvarghi 98u; Harryfn 42ul; Helgidinson 58mlo; Iwhitwo 101o; Javenlin1018 15u, 24ml; Koco77 30mlu; Lagron49 48mo; Lester69 60u; Chu-wen Lin 7ur; Mark52 2ol, 8–9; Maudem 42o; Mikecphoto 18ur, 36um; Noodles73 41or; Pixart 11ur; Rabbit75 34–35; Sampete 16ml, 31ul, 78ul; Vdvtut 61or; Vitaldrum 11ol; Wickedgood 45or; Yelo34 12–13, 13mro.

El Catrin / Distillery Restaurants 93mr.

Gadabout Charlotte Giacomelli 91mlu.

Gardiner Museum Melissa Shimmerman 40mo.

Getty Images Education Images 102ol; William England 37ul; Rick Gerharter 52mlu; LightRocket: Roberto Machado Noa 76mu, Wolfgang Kaehler 100ol; Panoramic Images 76o; Brian Summers 87mru; Toronto Star: Todd Korol 89mlu.

Greaves Jams 105mo.

Harbourfront Centre 67ol.

Hockey Hall of Fame 32mlu; AJ Messier Photography 32–33, 33mr; Matthew Manor 11mlu.

iStockphoto.com bakerjarvis 88o; Kenneth Cheung 19mlo; JavenLin 2or, 38–39; Orchidpoet 84–85, 101mlu.

Julie's Cuban Parisa Almasi 82mlu.

Le Sélect Bistro 54u.

Legoland Discovery Centre 97mlo.

Liberty Group 10ur; Lorne Chapman 24ur, 24–25, 25ol, 25mru.

Lula Lounge 56o.

Marben Rick O'Brien 73mlo.

McMichael Canadian Art Collection 96m.

Mercatto Restaurant Group 73mru.

Mirvish.com Edward Burtynsky 71mr; Paul Coltas 71ul.

Morba 80mo.

National Ballet of Canada Elena Lobsanova und Guillaume Côté in *Romeo und Julia*, Foto von Bruce Zinger 51or.

NXNE Festival/Flip Publicity 62o.

Old Spaghetti Factory 49ur.

Oliver & Bonacini Restaurants Cindy La 99mru.

Omni King Edward Hotel 92ul.

Ontario Heritage Trust Peter Lusztyk 50o.

Ontario Science Centre 40–41.

Oxley Public House 81or.

Peller Estates Winery Cosmo Condina 107mlu.

Prince of Wales/Vintage Hotels 104ml.

Pusateri's Fine Foods 79mu.

Ripley's Aquarium of Canada 6mlo, 11mlo, 28ml, 28mru, 29mr, Michael Hope 28–29, 29ur.

Robert Harding Picture Library Jean B. Heguy 67ur.

Roots 79or.

Rouge National Urban Park Parks Canada 98ol, M. Ruston 45ol.

Royal Ontario Museum 10mro, 12mlu; Brian Boyle 14om.

St. Lawrence Market Complex City of Toronto: Jose San Juan 90o.

The Chase Brandon Barre 55ol, 72u.

The Royal Conservatory Tom Arban 50ul.

Thomas Fisher Rare Book Library 60ol.

Toronto Zoo 49ol, 95ur.

Tourism Toronto Marketing Department of the The Distillery Historic District 26–27.

Young Centre for the Performing Arts Tom Arban 27ol.

Umschlag

Vorderseite & Buchrücken: **Alamy Stock Photo** Henk Meijer.
Rückseite: **Dreamstime.com** Ron Sumners.

Extrakarte

Titelbild: **Alamy Stock Photo** Henk Meijer.

Alle anderen Bilder: © Dorling Kindersley.
Weitere Informationen unter
www.dkimages.com

Texte Lorraine Johnson, Barbara Hopkinson
Fotografien Cylla von Tiedemann
Kartografie Simonetta Giori, Dominic Beddow
Redaktion & Gestaltung Dorling Kindersley Ltd.

© 2005, 2018 Dorling Kindersley Ltd., London
A Penguin Random House Company
Für die deutsche Ausgabe
© 2005, 2018 Dorling Kindersley Verlag GmbH, München
Ein Unternehmen der Penguin Random House Group

Aktualisierte Neuauflage 2018/2019

Programmleitung Dr. Jörg Theilacker, DK Verlag
Projektleitung Stefanie Franz, DK Verlag
Projektassistenz Antonia Wiesmeier, DK Verlag
Redaktion Bernhard Lück, Augsburg
Übersetzung Robert Kutschera, München
Schlussredaktion Philip Anton, Köln
Satz & Produktion DK Verlag
Druck RR Donnelley Asia Printing Solutions Ltd., China

ISBN 978-3-7342-0577-4
8 9 10 11 12 21 20 19 18

Sehenswürdigkeiten

Straßenverzeichnis